Kleine Wassergärten

DK

besser gärtnern

Kleine Wassergärten

John Carter

DK

DORLING KINDERSLEY

DK

DORLING KINDERSLEY
LONDON, NEW YORK, MELBOURNE, MÜNCHEN UND DELHI

GESTALTUNG Rachael Smith, Vanessa Hamilton
LEKTORAT Zia Allaway
HERSTELLUNG Rebecca Short

CHEFLEKTORAT Anna Kruger
CHEFBILDLEKTORAT Alison Donovan
DTP-DESIGN Louise Waller
BILDRECHERCHE Lucy Claxton, Richard Dabb, Mel Watson

FÜR DORLING KINDERSLEY PRODUZIERT VON
Airedale Publishing Limited
LEITUNG GESTALTUNG Ruth Prentice
LEITUNG HERSTELLUNG Amanda Jensen
DESIGN Elly King, Murdo Culver
LEKTORAT Helen Ridge
REDAKTION Fiona Wild, Mandy Lebenz

FOTOS Mark Winwood

FÜR DIE DEUTSCHE AUSGABE:
PROGRAMMLEITUNG Monika Schlitzer
PROJEKTBETREUUNG Regina Franke
HERSTELLUNGSLEITUNG Dorothee Whittaker
HERSTELLUNG Petra Schneider
COVERGESTALTUNG Maxie Zadek

Bibliografische Information Der Deutschen Bibliothek
Die Deutsche Bibliothek verzeichnet diese
Publikation in der Deutschen Nationalbibliografie;
detaillierte bibliografische Daten sind im Internet
über http://dnb.ddb.de abrufbar.

Titel der englischen Originalausgabe:
RHS Simple Steps: Water in a Small Garden

ÜBERSETZUNG Susanne Vogel
REDAKTION Dr. Christa Söhl
SATZ Beate Fellner

ISBN: 978-3-8310-0984-8

Colour reproduction by Colourscan, Singapore
Printed and bound in Singapore by Star Standard

Besuchen Sie uns im Internet
www.dk.com

Inhalt

Faszination Wasser

Wasser ist ein faszinierendes Medium. Es erfüllt kleine Gärten mit Licht, Geräuschen und Bewegung. Wie ein Spiegel reflektiert ein stiller Teich Formen und Farben, Wasserfälle und Springbrunnen bringen die Sonnenstrahlen zum Glitzern. Für Frösche, Molche und Kröten bildet ein Teich ein willkommenes Refugium, Vögel begrüßen die Gelegenheit zu einem Bad und Fische beleben, teils auch mit ihren Farben, zusätzlich das Bild, während Libellen und andere Insekten über dem Wasser ihre Flugkünste zur Schau stellen. Auf den nachfolgenden Seiten finden Sie eine Fülle von Ideen, wie auch Sie Ihren Garten in ein Wasserwunderland verwandeln können.

Naturnahe Wasseranlagen

Wasser erzeugt Spiegeleffekte und belebt den Garten mit Bewegung und Geräuschen. Ist eine naturnahe Wasseranlage gewünscht, muss sie mit ihrer Umgebung völlig harmonieren. Der Trick besteht darin, die Natur möglichst echt nachzubilden.

Fotos im Uhrzeigersinn oben links beginnend

Naturnaher Wasserfall Wasser bahnt sich plätschernd seinen Weg über Felsvorsprünge. Dass dieser Wasserfall so erfrischend natürlich wirkt, liegt am Arrangement der Steine. Wäre auch nur einer von ihnen hochkant gestellt worden, hätte er diesen Eindruck zerstört.

Kieselstrand Ein sanft abfallendes, strandartiges Teichufer sieht nicht nur ansprechend aus, sondern gewährt auch Wildtieren sicheren Zugang zum Wasser. Man kann eine solche, natürlich anmutende Einfassung kaum einem bereits fertigen Teich im Nachhinein verpassen, sondern sollte sie rechtzeitig einplanen. Am Teichrand liegen die Kiesel dicht an dicht, dann tauchen allmählich vereinzelte kleine Pflanzen zwischen ihnen auf, und etwa einen Meter vom Ufer vergrößert man die Abstände oder streut größere Flusskiesel ein.

Teichbepflanzung In der unmittelbaren Umgebung eines Teiches lassen sich Wasser-, Sumpf- und Uferpflanzen problemlos ziehen. Zur Begrünung der weiteren Umgebung des Gewässers, die wahrscheinlich eher trockenen Boden aufweist, wählen Sie Pflanzen, die weniger Wasser benötigen und dennoch aussehen, als wären sie auf feuchtem Grund zuhause. Geeignet sind etwa der Gewöhnliche Wurmfarn (*Dryopteris filix-mas*) und Funkien (*Hosta*), manche Ziergräser, Bergenien und das Gewöhnliche Maiglöckchen (*Convallaria majalis*). Sie alle zeichnen sich durch ihr saftiges Grün und ein schilf- oder farnähnliches Aussehen aus.

Naturnahe Wasseranlagen (*Fortsetzung*)

Fotos im Uhrzeigersinn von oben links

Schiefergestein Damit es aussieht, als seien die Platten natürlich verwittert, arrangiert man sie in einem Wasserfall so, dass die Riefen im Gestein parallel zur Fließrichtung verlaufen.

Bunter Blütenteppich Nach dem Vorbild eines dicht von Blühpflanzen gesäumten Baches wurde hier ein Sumpfgarten beidseits des Wassers bepflanzt. Einen ähnlichen Eindruck könnte man mit einem schmalen, länglichen Gartenteich erzielen.

Trittsteine Sie sehen gut aus, erleichtern die Pflege der Pflanzen im Teich und dienen Tieren als Ruheplatz. Damit man auf ihnen nicht ausrutscht, die Oberflächen sauber halten, Holz eventuell mit Maschendraht überziehen.

Ein Paradies für Tiere Ein geradezu perfektes »Wildreservat« bilden naturnahe Teiche mit dichter Bepflanzung und Bereichen, in denen Frösche, Molche und Kröten leicht ins Wasser gelangen können. Blühfreudige Gewächse machen die Anlage zudem zu einem Tummelplatz für Schmetterlinge und andere Insekten – ein gefundenes Fressen für Vögel und Amphibien. Dass nur einheimische Pflanzen verwendet werden sollten, ist ein Irrglaube: Viele von ihnen können vor allem einen kleinen Teich schnell vereinnahmen.

Formale Wasseranlagen

Bei formstrengen Wasseranlagen spielen auch die architektonischen Elemente – je nach Gartenstil modern oder eher traditionell – eine wichtige Rolle. Die Bepflanzung soll das Ganze nur abrunden, nicht dominieren.

Fotos im Uhrzeigersinn von links

Klarheit und Ruhe Das minimalistische Konzept sieht nur einige wenige halb winterharte Gewächse vor, deren Strukturen auf der Wasserfläche eindrucksvolle Akzente setzen. Bei einer solchen Anlage sind kristallklares Wasser und die den Pflanzen gemäßen Lichtverhältnisse zwei ganz wesentliche Faktoren. Falls Sie das Wasser chemisch klären müssen, meiden Sie Produkte auf Kupferbasis.

Stetiger Fluss Zu Wasser, das in ständiger Bewegung ist, passt oft gut eine üppige Bepflanzung. Hier formieren sich Funkien (*Hosta*), Efeu (*Hedera*) und andere Laubpflanzen zu einem dichten Teppich, unter dessen Ziegeleinfassung sich ein Wasserfall ergießt. Die erhöhte Luftfeuchtigkeit in der Umgebung eines Wasserfalls behagt auch Farnen sehr. Ein solches Wasserelement eignet sich speziell für kleine bis mittelgroße Stadtgärten.

Seerosenteich Klassisch das rechteckige Bassin mit gepflasterter Umrandung, hinter der sich ein gepflegter Rasen erstreckt. Mit Kap-Wasserähren (*Aponogeton distachyos*) als Kontrapunkt zu den Seerosen würde die Anlage strenger wirken.

Hochteich Eine solche Anlage bringt das Wasser und die Pflanzen dem Betrachter besonders nah. Hier ist auch das Beet hinter dem L-förmigen Becken erhöht angelegt. Hochteiche empfehlen sich insbesondere für kleine Gärten, da sie mit ihren klaren Konturen mehr Raum vortäuschen.

Formale Wasseranlagen (*Fortsetzung*)

Fotos im Uhrzeigersinn von oben links

Innenhof mit klassischem Flair Eine Statue im klassischen Stil steht im Mittelpunkt eines kleinen, halbkreisförmigen Wasserelements. Die Bepflanzung ist einfach gehalten und dennoch interessant. Aus dem Violett des Bassins und dem Weiß der Wände und Kallas (*Zantedeschia aethiopica*) ergeben sich wirkungsvolle Kontraste. Ein solches Gestaltungskonzept lässt sich, entsprechend abgewandelt, gut auf andere Innenhof- oder Terrassensituationen übertragen.

Cooler Zeitgeist In der weißen Einfassung dieses Hochteiches präsentiert sich die Wasserfläche wie ein Bild in seinem Rahmen. Die Klarheit der Konturen wird durch eine Reihe subtropischer Pflanzen noch unterstrichen, deren sattes, teils auch purpurn überlaufenes Grün durch die weiße Umgebung zusätzliche Leuchtkraft gewinnt.

Terrassenteich Die ruhige Wasserfläche des rechteckigen Beckens bildet das beherrschende Element in dieser Wellness-Oase. Pflanzen fungieren als Einfassung, doch nur wenige wachsen im Wasser, das daher gefiltert oder anderweitig geklärt werden muss.

Ort der Versenkung Ein stiller Platz am Ende eines tiefer liegenden Gartenbereichs bietet sich für einen kleinen Teich geradezu an. Strukturpflanzen neigen sich sanft über das Wasser und mildern die harten Linien der Pflasterfläche. Schatten liebende Gewächse gedeihen an einem solchen Standort am besten, der darüber hinaus die Frage nach der Drainage aufwirft, denn bei Regen könnte der Teich über die Ufer treten. Bedenken Sie diesen Aspekt schon bei der Planung.

Moderne Wasserelemente

Mit modernen Materialien und entsprechender Technik können Sie Ihrer Fantasie freien Lauf lassen. Vergessen Sie dabei jedoch nicht die Ansprüche der Pflanzen und den Pflegeaufwand, den Ihre Wasserinstallation erfordert.

Fotos im Uhrzeigersinn oben links beginnend

Im »Briefkasten«-Stil Wasser strömt aus einer Öffnung, die an einen Briefkastenschlitz erinnert, – ein witziges Design mit guter Geräuschkulisse. Falls Sie das Objekt nachbauen wollen, denken Sie daran, für die Wand entsprechend vorbehandeltes Holz zu verwenden. Ein Metallgitter verhindert, dass Blätter ins Wasserbecken fallen.

Quellsprudel Ein untergetauchtes Springbrunnenelement, das die Wasseroberfläche nur leise sprudeln lässt, findet selbst auf kleinen Flächen Platz. Hier wurde der Boden mit grauem Kies bedeckt und eine Nebeldüse eingesetzt, was die Installation wie einen Geysir wirken lässt und bei jedem Wetter interessant aussieht. Immer wenn fließendes Wasser im Spiel ist, muss man die Verdunstungsverluste im Auge behalten.

Wasserwand Mit gebogenem Edelstahl lässt sich eine spektakuläre Wasserwand realisieren, die Bewegung und Geräusche in den Garten bringt. Ein solches Element eignet sich insbesondere dann, wenn kein Platz für eine eher konventionelle Wasseranlage vorhanden ist. Man muss den Stahl häufiger reinigen und, damit das Material seine ansprechende Optik bewahrt, das Wasser entkeimen.

Geschwungener Kanal In einem Trockengarten mediterraner Prägung spendet ein schmaler, durch Wasserspeier gespeister Kanal wohltuende Frische und Kühle.

Wasser-Spiegel Für eine so raffinierte Installation, bei der »schwarze Löcher« kontinuierlich Wasser schlucken, braucht man fachmännische Hilfe. Keineswegs ohne Reiz wäre aber auch ein Bassin, in dem das Wasser steht, sodass man den Eindruck bekommt, die Pflanzen würden aus einem Spiegel herauswachsen. Mit hochformatigen echten Spiegeln, an einer Wand hinter dem Teich platziert, ließen sich die Reflexionen noch verdoppeln.

Moderne Wasserelemente (*Fortsetzung*)

Fotos im Uhrzeigersinn von oben links

Spiegelbild In kleinerer Ausführung passt dieses minimalistische Wasserelement exzellent auf eine modern gestylte Terrasse. Da das Wasser sanft über die Kanten gleitet, ist die Oberfläche spiegelglatt.

Kugeln und Kuppeln Dieses glamouröse Arrangement sorgt in der »Partyzone« eines Gartens für Furore. Damit der Glanz nicht verblasst, die Edelstahlspringbrunnen und Glaskugeln regelmäßig säubern.

Vogelfamilie Wie jeder Garten lassen sich auch Wassergärten durch Skulpturen beleben. Sie bleiben als Blickfang erhalten, wenn die Pflanzen im Herbst absterben.

Für Minimalisten Ein Teich in modernem Design erzeugt auf einer Terrasse Licht- und Schattenspiele, ein Springbrunnen sorgt für Bewegung. Mit seinen schlichten, klaren Konturen fügt sich das Wasserelement perfekt in die Umgebung ein.

Modernismus Trendy wie das gesamte Design ist der bogenförmige Hahn, der mit dem Wasser Sauerstoff in den Teich und angenehme Geräusche ins Ohr befördert.

Stahlstufen Die Kombination zweier ganz gegensätzlicher Materialien – hier Holz und Metall – wirkt immer stark und sehr modern. Aufgrund der Breite der Stufen ist die Verdunstungsrate ziemlich hoch.

Wand- und Terrassenelemente

Selbst auf engstem Raum erzielen kleine Wasserelemente eine große Wirkung, sofern zwei Bedingungen erfüllt sind: Sie müssen regelmäßig gepflegt werden und die Pflanzen sollten ausreichend Licht bekommen.

Fotos im Uhrzeigersinn von links

Zen-Garten Wer meint, einen solchen Garten anzulegen sei ein Leichtes, der irrt. Sollte etwa die hohe Luftfeuchtigkeit, wie sie Moose verlangen, nicht gegeben sein, weichen Sie auf Pflanzen mit ähnlichem Habitus, z. B. manche Steinbrechgewächse oder kleine Lerchensporn-Arten, aus. Die hier gezeigte Wasserkette erhöht die Luftfeuchtigkeit.

Rustikale Pflanzgefäße In einem alten Holzfass gedeihen kleine Seerosen (*Nymphaea*) prächtig, sofern sie ausreichend Sonne und Wärme erhalten. Sie werden ab dem dritten Jahr im Frühjahr beschnitten.

Löwenkopf Ein solcher klassischer Wasserspeier bietet sich als Blickfang für kleinere Nischen an. Die umgebende Bepflanzung sollte schlicht gehalten werden. Hier überzieht Efeu die Mauer (allzu wüchsige Sorten meiden), während im Vordergrund eine Kalla mit ihren großen, markanten Blättern und duftenden Blüten auftrumpft. Sie braucht als Winterschutz eine dicke Mulchschicht.

Zeitgemäße Wasserspeier Moderne Architektur verlangt nach neuen Impulsen. Diese Wasserschütten aus transparentem Kunststoff sorgen für viel Bewegung und eine angenehme Geräuschkulisse. Wegen der hohen Verdunstungsrate den Wasserpegel regelmäßig prüfen: Ein leeres Reservoir schädigt die Pumpe (erforderlich ist ein Gerät mittlerer Leistungskapazität).

Steinkugeln Auf kleinen Terrassen kommt ein schlichtes Wasserelement gut zur Geltung. Das Wasser, das oben fein hervorsprudelt und dann seitlich herunterrinnt, liefert eine kleine Pumpe, die in einem Reservoir unter den Kugeln installiert ist. Die Bepflanzung ist bewusst zurückhaltend gestaltet.

Wand- und Terrassenelemente (*Fortsetzung*)

Fotos im Uhrzeigersinn von oben links

Umfunktionierte Spülbecken Dieses nostalgische viereckige Becken fügt sich perfekt in die Gartenecke. Die eingesetzten Pflanzen sollten in etwa dieselbe Wassertiefe verlangen. »Abweichler« werden auf Podeste aus Steinen oder Ziegeln gestellt.

Recyceltes Holz Für ein schlichtes Wandelement und als Verkleidung des Teichs kamen alte Holzplanken zur Verwendung. Mit Blechen würde man eine modernere Optik erzielen.

Kupferschalen Das kleine Wasserelement erfordert nicht viel Raum, aber dafür ein geeignetes Versteck für das Reservoir mitsamt der Pumpe. Damit das Gerät nicht trockenläuft, den Wasserstand häufiger kontrollieren.

Frei stehende Zierbrunnen Sie sind in verschiedenen Stilrichtungen zu haben und einfach aufzustellen, für die Elektrik braucht man jedoch einen Fachmann. Die Pflegearbeiten beschränken sich auf das Entfernen von im Bassin treibenden Blättern. Vor Wintereinbruch die Pumpe ausbauen.

Springbrunnen und Kanäle

Kanäle und Springbrunnen zeigen die vielfältigen Gestaltungsmöglichkeiten, die sich mit Wasser ergeben und von Fall zu Fall immer wieder andere Stimmungen heraufbeschwören: bewegt oder still, geräuschvoll oder leise, spannungsreich oder entspannt. Mit etwas Geschick lassen sich solche Elemente relativ preiswert realisieren.

Fotos im Uhrzeigersinn oben links beginnend

Wasservorhang Während das Wasser in den Teich herabfällt, erzeugt es seine ganz eigene Musik. Zugleich fängt es auf faszinierende Weise das Licht ein. Es präsentiert sich wie ein Vorhang aus funkelnden Perlenschnüren, der Geborgenheit vermittelt. Aber auch das Gefühl, völlig ungestört die Gartenwelt jenseits des Vorhangs betrachten zu können, hat durchaus seinen Reiz.

Klassischer Putto Mit seiner Patina würde dieser steinerne Putto selbst einem neu angelegten Garten eine gewisse Würde verleihen. Am Rand eines kleinen Teichs postiert, befördert er zudem Sauerstoff ins Wasser.

Kanal im islamischen Stil Vorläufer solcher Kanäle sind in der islamischen Gartenbaukunst zu suchen, die sich ihrerseits von natürlichen Wasserläufen inspirieren ließ. Ähnliche Anlagen lassen sich in endlosen Variationen in kleinen Stadtgärten und auf Terrassen realisieren.

Rustikal Das Konzept, fließendes Wasser in einem kanalförmigen Trog aus Metall aufzufangen, lässt sich gut in einem kleinen Garten mit ländlichem Flair umsetzen.

Edel Eine gelungene Synthese aus ebenso kühnen wie harmonischen Linien und dem Schimmer ganz langsam strömenden Wassers zeichnet diesen modernen Entwurf aus. Um das Wasser kristallklar zu halten, muss man entweder Chemikalien einsetzen oder die Pumpe mit einem UV-Filter kombinieren.

Kupferbrunnen Aus Metall kann man faszinierende Wasserspiele modernen Stils gestalten. Damit das Material nicht oxidiert, muss es vorbehandelt sein oder aber regelmäßig gesäubert und poliert werden. Eine Ausnahme bildet Kupfer, das unter der Einwirkung von Sauerstoff eine attraktive blaugrüne Farbe gewinnt.

Die Grund-
lagen

Bevor man zur Tat schreitet, sollte man die Größe des geplanten Projekts und auch die damit verbundenen Kosten noch einmal gut überdenken, um sicherzugehen, dass es in den Garten und ins Budget passt. Selbst auf einem kleinen Grundstück lässt sich ein großes Wasserelement, etwa ein naturnaher Teich oder ein Wasserfall, unterbringen, während ein kleiner Teich nicht nur in einem winzigen Eck, sondern auch als Teil einer größeren Anlage gut aussieht. Dieses Kapitel bietet eine Übersicht über die unterschiedlichen Wasserelemente, Teichauskleidungen und Möglichkeiten der Randgestaltung. Es informiert über Pumpen und Filter, und Sie bekommen Anregungen für eine effektvolle Beleuchtung. Schließlich werden auch die für Wassergärten geeigneten Bodenarten und Pflanzbehälter ausführlich behandelt.

Große Wasserelemente im Überblick

Ein Teich oder Wasserfall verwandelt noch den kleinsten Garten in eine Wohlfühloase. Die Gestaltungsmöglichkeiten sind vielfältig.

Naturnaher Teich

Insbesondere in Gärten, die so angelegt sind, dass sie sich wie ein Stück gewachsene Natur darstellen, fügt sich ein solcher Teich nahtlos ein.

Umfeld Vor einem Steingarten, inmitten eines Blumenbeets oder einer Gehölzpflanzung oder auch neben einem Weg, der durch einen Wildgarten führt, macht sich ein naturnaher Teich besonders gut – umso mehr, wenn sich auf dem Wasser reizvolle Spiegelungen ergeben.

Anlage Vorgefertigte Becken lassen sich durchaus verwenden, sofern der Rand mit natürlichen Mitteln kaschiert wird. Teichfolie bietet viel Gestaltungsfreiheit. Allerdings sind Buchten und Inseln schwierig anzulegen und machen leicht den natürlichen Eindruck zunichte. Achten Sie darauf, dass Regenwasser keine Erde in den Teich wäscht.

Bepflanzung Wählen Sie Pflanzen, die wirklich zu Ihrem Teich passen, und lassen Sie die Finger von wuchernden oder allzu wüchsigen Arten. Vermeiden Sie ein Überangebot an Pflanzen – der Teich soll der Blickpunkt sein.

Pflege Bei einem naturnahen Teich, der mit Sachverstand angelegt wurde, muss man lediglich ein- und mehrjährige Unkräuter, abgestorbenes Laub und Samenstände entfernen. Etwa alle 4 Jahre den Grund von Schlamm säubern.

Formaler Hochteich

Die Wirkung eines Hochteiches beruht ganz wesentlich auf seiner architektonischen Form, die daher gut zur Geltung kommen sollte. Dafür dürfen die Kanten nicht verdeckt werden. Ergänzende Elemente wie Zierbrunnen, Statuen und Wasserfälle sollten ebenfalls zur strengen Geometrie des Teiches passen und seine Charakteristik höchstens unterstreichen, aber keinesfalls verwässern.

Umfeld Den perfekten Platz findet ein solcher Teich in der Mitte eines Rasens, eines Innenhofes oder einer Terrasse oder auch vor einer Mauer – überall dort, wo seine klaren Konturen von anderen geraden oder gekrümmten Linien, wie sie etwa Pflasterflächen, Mauerwerk oder Hecken erzeugen, wirkungsvoll eingerahmt werden.

Anlage Man kann das Becken ganz nach eigenen Vorstellungen aus Ziegeln oder anderen Steinen bauen und dann mit Folie auskleiden oder auch ein Fertigteichbecken der gewünschten Form verwenden. Wichtig sind ein solides Fundament sowie die rechtzeitige Installation der Elektrik, sofern erforderlich.

Bepflanzung In der Regel sollte die Bepflanzung sehr schlicht gehalten werden. Sie sollte aus wenigen Pflanzen bestehen, die eine möglichst lange Saison haben. In einem runden formalen Teich sind hohe Gewächse zu meiden, Seerosen sehen hier meist besser aus.

Pflege Abgestorbene Blätter werden regelmäßig entfernt. Seerosen nach etwa 4 Jahren im zeitigen Frühjahr aufnehmen, zurückschneiden, teilen und die besten Teilstücke wieder einpflanzen. Ein- und mehrjährige Unkräuter konsequent entfernen, sonst säen sie sich unkontrolliert aus.

Wasserfall

Wasser, das aus größerer Höhe herabstürzt und dabei Geräusche und Bewegung erzeugt, spricht die Sinne ganz besonders an. Ein Wasserfall fügt sich fast überall gut ein, empfiehlt sich aber insbesondere für einen kleinen Garten, denn er täuscht mehr Raum vor, als er tatsächlich einnimmt. Der unten abgebildete Wasserfall ist naturnah angelegt, ebenso attraktiv kann jedoch eine formal gestaltete Anlage wirken.

Umfeld Natürlich passen Wasserfälle in große Landschaftsgärten. Aber auch auf Terrassen, in Innenhöfen und selbst auf kleinstem Raum kann man ein solches Element im jeweils passenden Stil installieren.

Anlage Die schönste Wirkung ergibt sich, wenn das Wasser nicht zu gleichmäßig fließt. Deshalb legt man ihm Felsen oder andere Objekte in den Weg. Bei der Wahl der Pumpe ist die Förderhöhe des Wassers entscheidend, also die Distanz zwischen dem Sammelbecken und dem Reservoir *(siehe Seite 41)* am oberen Ende des Wasserfalls.

Bepflanzung In Felsspalten kann man eventuell einzelne feuchtigkeitsliebende Pflanzen einsetzen. Das Gros der Gewächse sollte jedoch seitlich des Wasserfalls in Erde gezogen werden. Falls der Wasserfall im Schatten liegt, empfehlen sich Farne und vielleicht Funkien (*Hosta*), andernfalls wählen Sie Arten, die Sonne lieben.

Pflege Da bei Wasserfällen viel Wasser verdunstet, muss man regelmäßig den Wasserstand im Reservoir prüfen und dieses bei Bedarf auffüllen. Hin und wieder abgefallene Blätter, die sich zwischen den Felsen festgesetzt haben, entfernen. Vor Beginn der kalten Jahreszeit die Pumpe ausbauen.

Abgesenkter Teich im modernen Stil

Simple Formen, kombiniert mit modernen Materialien, erfüllen noch das kleinste Eck mit einem ganz eigenen Zauber. Da man bei einem abgesenkten Teich von oben auf das Wasser und die Pflanzen blickt, gewinnt man eine ganz neue Perspektive. Vergessen Sie nicht, Kletterhilfen am Rand anzubringen, damit Frösche und Co., die wahrscheinlich von Ihrer Oase angelockt werden, ins Wasser hinein- und wieder herausgelangen können.

Umfeld Ein abgesenkter Teich verfehlt wohl nirgends seine Wirkung, passt aber besonders gut in ein modern oder formal gestaltetes Ambiente. Für eine Sitzecke im Garten, eine Terrasse, einen Grillbereich sowie für moderne, gepflasterte Gärten eine aparte Bereicherung.

Anlage Als Erstes ist, da in diesem Fall tief gegraben werden muss, der Grundwasserpegel zu prüfen (*siehe Seite 33*). Erweist er sich als hoch, können Sie den Teich nur knapp unter Bodenniveau anlegen und ziehen dafür die Wände höher. Steinplatten und Klinker müssen – nicht nur an den Einfassungen – sauber und sicher verlegt sein.

Bepflanzung Bei einer solchen Anlage ist das Wasser zwangsläufig meist beschattet, was die Bepflanzung des Teiches selbst weitgehend ausschließt. Sie konzentriert sich auf die Uferbereiche, während man das Wasser mit Fontänen und Beleuchtung in Szene setzen könnte. Eine stille, dunkle Wasserfläche hat aber durchaus ihren Reiz.

Pflege Das ganze Jahr einmal pro Monat herabgefallene Blätter und Zweige entfernen. Etwaige Wasserpflanzen, die sichtlich kümmern, an einen sonnigeren Platz (falls vorhanden) umsetzen.

Kleine Wasserelemente im Überblick

Man braucht keinen Teich, um Wasserpflanzen zu ziehen. Auch in kleinem Rahmen kann man zauberhafte Wasserwelten schaffen.

Wandbrunnen

Von Klassisch bis Modern reicht die stilistische Bandbreite dieser Elemente, die Geräusche und Bewegung in den Garten bringen. Die Installation ist recht unkompliziert.

Umfeld Ob am Rand einer Sitzecke, an einer Gartenmauer oder neben der rückwärtigen Tür des Hauses – Wandbrunnen sind fast nie fehl am Platz. Voraussetzung ist eine Steckdose in erreichbarer Nähe.

Anlage Als Wasserreservoir eignen sich eine Stein- oder Terrakotta-Schale, alte Waschbecken und jedes Behältnis, in dem sich eine kleine Pumpe komplett unterbringen lässt. Für die Anschlüsse braucht man Schläuche und Kupferrohre. Der Wasserspeier hängt am besten knapp unter Augenhöhe.

Bepflanzung Die Bepflanzung des Reservoirs sollte auf ein Minimum begrenzt sein – sie erfüllt lediglich den Zweck, die Installationselemente zu kaschieren. Bedenken Sie bei der Pflanzenauswahl die gegebenen Lichtverhältnisse. Kletterer wie Clematis, Jasmin oder Rosen bilden einen attraktiven Rahmen für einen Wandbrunnen.

Pflege Regelmäßig Blätter aus dem Reservoir fischen und bei warmem Wetter Wasser nachfüllen. Vor Einbruch des Winters muss die Pumpe ausgebaut werden.

Fassteich

Dieser Miniaturteich ist wie geschaffen zur Kultur von Wasserpflanzen in kleinem Stil oder auch, um bestimmte Arten separat zu halten. Darüber hinaus lässt sich ein Fassteich als Sammelbecken für einen Wandbrunnen einsetzen. Vögel nutzen ihn gern für ein Bad, Insekten finden ihn ebenfalls anziehend, und vielleicht werden sich sogar Molche einstellen, weshalb Sie prophylaktisch Einstiegshilfen vorsehen sollten.

Umfeld Fassteiche machen als einzelnes kleines Wasserelement durchaus etwas her, können aber ebenso mit anderen Pflanzkübeln und -schalen kombiniert werden. Selbst ein gewöhnliches Blumenbeet vermögen sie optisch aufzuwerten, und sie sehen auch auf Terrassen oder sogar neben einem größeren Teich gut aus.

Anlage Falls das Fass bei einem Test leckt, erhält es eine Auskleidung aus preiswerter schwarzer PVC-Folie oder einen Dichtungsanstrich. Beides verhindert, dass später etwaige Giftstoffe aus dem Holz ins Wasser gelangen.

Bepflanzung Sie kann aus einem größeren Solitär oder aus mehreren kleinen Gewächsen bestehen. Sollten diese zu tief im Wasser sitzen, legt man Ziegelsteine unter. Damit sich die Pflanzen nicht ineinander verschlingen, ist es ratsam, sie in separaten Körben zu ziehen.

Pflege Das Risiko, dass Algen das Wasser grün färben, ist bei diesem geringen Volumen eher hoch. Setzen Sie daher am besten breitlaubige oder Schwimmblattpflanzen ein, die Schatten auf den Teich werfen. Nehmen die Algen dennoch überhand, das Wasser abpumpen und erneuern. Abgestorbene und wuchernde Triebe werden herausgeschnitten.

Kieselbrunnen

In freier Natur bildet Wasser, das plätschernd und glitzernd durch ein flaches Bachbett rinnt, einen hinreißenden Anblick. Ähnlich attraktiv wirkt ein solcher Kieselbrunnen. Er braucht wenig Platz, sieht aber nur mit rundgewaschenen Flusskieseln wirklich gut aus. Man bekommt sie in Gartencentern in unterschiedlichen Größen und Farben.

Umfeld Ein Kieselbrunnen ist die perfekte Lösung für jene lichtarmen oder verwaisten Ecken in Hinterhöfen, auf Terrassen oder vor Mauern, mit denen sich sonst wenig anfangen lässt. Genauso könnte man ihn aber in voller Sonne zwischen bereits vorhandenen Teichen oder anderen Wasserelementen platzieren. Die einzige Einschränkung: Er braucht einen Stromanschluss.

Anlage Im Grunde handelt es sich bei einem Kieselbrunnen um ein mit Steinen gefülltes Becken, tief genug, um eine ausreichende Menge Wasser für einen funktionierenden Kreislauf aufzunehmen. Dazu braucht man eine kleine Tauchpumpe, die einen Sprudler speist. Alternativ kann man einfach ein eigenständiges kleines Springbrunnenelement auf den Boden setzen und mit Steinen umlegen.

Bepflanzung Während sich das Kieselbett nicht bepflanzen lässt, kann man mit einer passenden Umpflanzung eindrucksvolle Effekte erzielen. Im Schatten sind Farne ideal, für einen Sonnenplatz hingegen kleine Gräser.

Pflege Sie ist minimal, allerdings kann sich das Wasser unter Sonneneinstrahlung grün färben, und folglich muss man die Steine gelegentlich waschen. Wie bei anderen kleinen Wasserelementen ist ab und zu Wasser nachzufüllen. Im Winter wird die Pumpe eingelagert.

Frei stehende Wasserelemente

Sie sind eine großartige Bereicherung für jeden Garten und machen sich gleichzeitig als Vogelbad nützlich. Darüber hinaus könnte man in einem solchen Element Wasserpflanzen ziehen, für die der Garten sonst vielleicht keinen geeigneten Platz bietet. Neben der unten gezeigten Schale in Gestalt eines Mammutblatts sind etwa auch glasierte chinesische Töpfe, Tröge aus Stein oder Metall und viele andere Gefäße dafür geeignet. Sie müssen nur wasserdicht und frostbeständig sein.

Umfeld Frei stehende Wasserelemente wirken einzeln gut, aber ebenso beispielsweise als Ergänzung bereits vorhandener Elemente auf Terrassen, am Rand eines Teiches, am Ende eines Kanals oder im Steingarten.

Anlage Sofern Sie kein Wasserspiel integrieren wollen, was einen Stromanschluss erforderlich machen würde, ist der Installationsaufwand gleich null. Vielleicht wäre eine Drainage in Erwägung zu ziehen, damit das Element bei starkem Regen nicht überläuft. In jedem Fall aber muss es stabil stehen.

Bepflanzung Auch wenn eine üppige Bepflanzung meist nicht infrage kommt, sollten die gewählten Pflanzen in die Umgebung passen. Außerdem sollten Sie daran denken, dass Wurzeln einen Topf zu sprengen vermögen, wenn er zu klein geworden ist.

Pflege Eine Schale wie die hier gezeigte muss man öfter reinigen. Da sie zudem ein ideales Heim für Mückenlarven bildet, sollte man zwischen Spätfrühjahr und Herbst etwa alle 3 Wochen das Wasser erneuern. Eine eventuell vorhandene Pumpe vor Wintereinbruch ausbauen.

Standortwahl

Bevor man sich für die Position eines Zierteiches entscheidet, muss man im Vorfeld prüfen, ob der Platz tatsächlich geeignet ist. Durch Abklären der nachfolgend genannten Aspekte erspart man sich spätere Enttäuschungen oder sogar größere Probleme.

Versorgungsleitungen Vor dem ersten Spatenstich muss man zunächst die Position aller Wasser- und Abwasserleitungen sowie von unterirdischen Telefon- und Stromkabeln rund ums Haus abklären. Versteifen Sie sich nicht zu früh auf einen bestimmten Platz für Ihren Teich, denn es könnte sein, dass Sie umdenken müssen. Strom- und Telefonkabel verlaufen meist vor dem Haus, und zwar von der Straße in direkter Linie zum Zähler. Hinter dem Haus durch Anheben der Schachtdeckel den Verlauf von Abwasserrohren prüfen – auch sie sind stets gerade verlegt.

Schutz Der gewählte Platz sollte Flora und Fauna gewissen Schutz bieten. Hoch wachsende feuchtigkeitsliebende Pflanzen sowie Wasserpflanzen können durch starken Wind umgeweht, große Blätter zerrissen werden. Möchte man Amphibien in seinem Garten haben, müssen geeignete Zugänge zum Wasser und Verstecke vor Räubern gegeben sein. Benachbarte Gehölze und Blumenbeete bieten Vögeln, jungen Fröschen und Insektenlarven geschützte Lebensräume. Wind kann Springbrunnenfontänen über den Teichrand hinaus verwehen, was zu raschem Wasserverlust führt.

Überhängende Äste Unter Gehölzen sollte man einen Teich nicht platzieren. Während der Wachstumsperiode halten sie Licht ab, Wasserpflanzen brauchen aber meist viel Sonne. Fallendes Laub muss im Herbst regelmäßig aus dem Wasser entfernt werden (beim Verrotten entstehen schädliche Substanzen). Auch ist das Laub mancher Gehölze wie Rhododendren, Eiben und Goldregen giftig, sodass Fische eingehen bzw. Insekten und Amphibien fernbleiben. Ein unbepflanzter Teich wirkt durch die Spiegelungen auf dem Wasser aber auch im Schatten.

Grundwasserpegel Er muss vorab unbedingt geprüft werden. Ist er zu hoch, wird die Folienauskleidung eines Teiches nach oben gedrückt bzw. ein Fertigbecken einer starken Zerreißprobe ausgesetzt. Um herauszufinden, ob eventuell ein Grundwasserproblem besteht, gräbt man in der Mitte des angedachten Standortes ein Loch, das so tief ist wie der geplante Teich, und füllt es mit Wasser. Ist dieses rasch versickert, steht Ihrem Projekt aus dieser Sicht nichts im Weg. Bleibt es dagegen 1 Tag oder länger stehen, dann sollten Sie lieber einen Hochteich bauen.

Ein Loch in geplanter Teichtiefe graben und mit Wasser füllen.

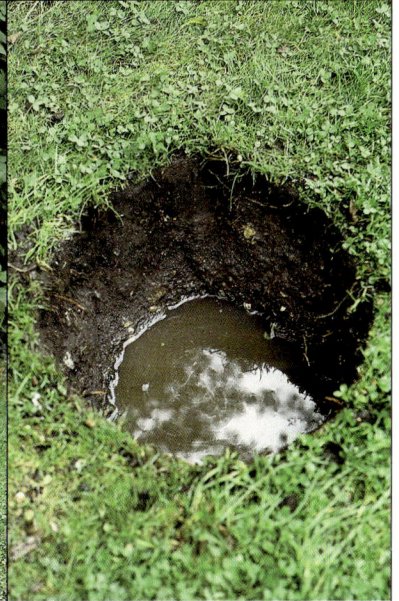

Läuft das Wasser bald ab, kann man an der Stelle einen Teich anlegen.

Optik Betrachten Sie den geplanten Standort aus verschiedenen Blickwinkeln. Wie stellt er sich vom Garten, wie vom Haus aus dar? Zu den faszinierenden Aspekten von Wasser gehören die Reflexionen auf der Oberfläche. Mit einem großen Spiegel, den Sie auf die Erde legen, lassen sich die Effekte vorab simulieren.

Die richtige Teichauskleidung

Wie lang soll der Teich halten? Wie ist der geplante Standort und sein Boden beschaffen? In welchem Stil wollen Sie den Teich gestalten? Von diesen Aspekten hängt ab, welche Auskleidung für den Teich die richtige ist.

Kautschuk- und Kunststofffolien

Preise und Qualität variieren beträchtlich. Gewöhnliche Kunststofffolie hält nur 3–4 Jahre, UV-beständige PVC-Folie eine Weile länger und Kautschukfolie sogar 30 Jahre und mehr.

Individuell Mit jeder dieser Folien können Sie dem Teich eine individuelle Form geben. Je aufwändiger diese allerdings ist, desto höher die Kosten. Teichfolien lassen sich leicht verarbeiten und reparieren, müssen aber bei steinigem Grund unterfüttert werden.

Ideal für kleine Gärten Dank ihrer Flexibilität erlauben Teichfolien, Problemecken optimal auszunutzen – ideal etwa in kleinen Stadtgärten oder wenn bestehende Strukturen dem Bau eines anderen Teiches im Wege stehen.

Vorgefertigte Teichbecken

Starre Teichbecken aus Glasfaser oder Kunststoff sind in diversen Formen, Farben und Größen erhältlich. Zu beachten ist auch, dass die Tiefe für die gewünschten Pflanzen ausreicht.

Große Vorteile Fertigteiche haben eine lange Lebensdauer, sind einfach zu installieren und aufgrund der glatten Oberflächen auch leicht zu säubern. Meist – dies ein weiterer Bonus – ist ein Pflanzsockel bereits integriert.

Gut für formale Gärten Solche starren Teichbecken lassen sich leichter mit Pflasterflächen oder Klinkerstreifen einfassen. Daher sind sie für formale Gärten eine optimale Wahl. Zudem sind sie sehr praktisch, wenn es darum geht, kleinere Wasserelemente auf engem Raum zu realisieren.

Beton

Betonteiche haben an Beliebtheit eingebüßt, denn das Material ist frostanfällig, und wenn sich der Boden senkt, bilden sich Risse. Außerdem ist der Bau eines Betonteiches vergleichsweise zeitaufwändig.

Vorzüge Man hat Freiheiten bei der Formgebung und kann leichter als bei Teichen aus anderen Materialien Elemente wie z. B. Inseln zufügen. Betonteiche passen sich sehr harmonisch in eine formale Anlage ein.

Haltbar Im Prinzip ist Beton, wenn er sachgemäß verarbeitet wird, ein Material, das ewig hält, und eigentlich können nur Frost sowie instabile Bodenverhältnisse einem solchen Teich etwas anhaben. Man kann ihn auch gut mit Kanälen kombinieren.

Ermittlung des Materialbedarfs

Viereckige Teiche Länge, Breite und Tiefe des Teiches müssen bekannt sein und es sind Überstände für den Randabschluss zu berücksichtigen. Erst die zweifache Tiefe (t) plus 45 cm zur Länge (l) und dann die zweifache Tiefe (t) plus 45 cm zur Breite (b) addieren. Beide Ergebnisse multiplizieren. Also: $(2d + 45\,cm + l) \times (2d + 45\,cm + b)$.

Runde Teiche In dem Fall errechnet sich der benötigte Materialbedarf wie folgt: Zum Durchmesser (d) des Teiches die zweifache Tiefe (t) plus 45 cm addieren und das Ergebnis anschließend mit sich selbst multiplizieren. Also: $(d + 2t + 45\,cm) \times (d + 2t + 45\,cm)$.

Unregelmäßig geformte Teiche Bei eher simpler Form die maximale Länge, Breite und Tiefe ermitteln und dann die Formel für viereckige Teiche anwenden. Komplexere Formen in einfache Komponenten – z. B. Quadrat plus Kreis – zergliedern, den Bedarf für die Einzelkomponenten errechnen und die Ergebnisse addieren.

Teicheinfassungen im Überblick

Schon vor dem Bau eines Teiches sollte man eine klare Vorstellung von seiner Randgestaltung haben. Sie fällt zwar unter die Abschlussarbeiten, kann aber auch die meisten Probleme bereiten.

Kiesel und Steine

Wenn Ihr Teich an einer oder mehreren Seiten von einer Pflasterfläche begrenzt ist oder wenn er an einen Steingarten oder eine Rabatte stößt, dann ergeben Kiesel und größere Steine eine hervorragende Einfassung. Richtig angeordnet, verhindern sie, dass Erde in den Teich gewaschen wird, und halten zugleich den Rand der Folie fest in Position. Legen Sie schon in der anfänglichen Bauphase eine Vertiefung an, um die Steine fest einzubetten und eine flache Böschung zu schaffen, auf der man die kleineren Steine direkt bis zum Ufer verteilt. Pflanzen jenseits der großen Steine runden das natürliche Bild ab, sollten aber den Kieselstreifen nicht verbergen.

Eine Art abfallender Strand aus Kieseln erlaubt es Amphibien, ungehindert ins Wasser zu gelangen.

Holz

Holz lässt sich in verschiedenen Formen zur Einfassung von Teichen einsetzen. Bei einem naturnahen Teich, dessen Umgebung von Blumenbeeten oder einem Sumpfgarten beherrscht wird, bietet es sich an, dünne Baumstämme und dicke alte Bretter auszulegen. Sie verhindern, dass bei Regen Erde ins Wasser gespült wird, vermodern aber früher oder später und müssen dann erneuert werden.

Zu einem formaleren Design würden Holzbretter oder halbrund gefräste und auf Draht befestigte Holzlatten passen, die man im Baumarkt als Beetumrandung bekommt. Da behandeltes Holz immer einen Silikonanstrich erhält, damit keine schädlichen Chemikalien ins Teichwasser gelangen, ist hier Vorausplanung wichtig.

Aus Holzdielen und -platten entstehen schöne Uferterrassen, die sich auf Ziegelsockeln (ebenfalls mit einem Silikonanstrich versiegeln, falls sie im Wasser stehen) auch erhöht montieren lassen. Über das Holz gespannter Maschendraht sorgt für Rutschfestigkeit bei Nässe.

Solche Plattformen müssen stabil gebaut und – insbesondere, wenn sie über das Ufer hinausragen – sicher verankert sein. Wer kein erfahrener Heimwerker ist, sollte professionelle Hilfe in Anspruch nehmen.

Der Natur abgeschaut: Einfassung aus großen und kleinen Kieseln.

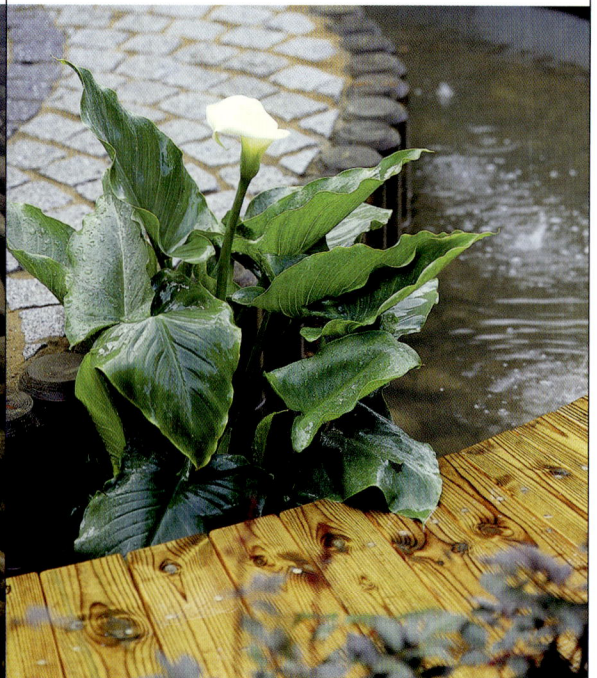

Dieser Holzsteg besticht durch seine klaren Konturen.

Rasen und Randbepflanzung

Liegt ein Teich inmitten oder am Rand einer Rasenfläche, bildet zumeist der Rasen selbst die Teicheinfassung.

Um einen sauberen Abschluss zu erhalten, sticht man plattenförmige Soden ab, wobei die dem Teich abgewandte Kante nicht durchtrennt wird. Die gelösten Rasenstücke nach hinten aufrollen und dicht um den Teich ringsum eine Reihe Ziegel oder Hohlblocksteine in die Erde einbetten. Wenn man nun die Soden wieder in ihre ursprüngliche Position rollt, haben sie eine feste Auflage. Ohne diese würde das Teichwasser den Rasen am Rand aufweichen, beim Mähen würde er immer weiter zusammengedrückt, und schließlich würde er langsam im Teich versinken.

Alternativ kann man eine Randbepflanzung anlegen, wobei man wiederum dafür sorgen muss, dass die Uferkante nicht allmählich untergeht. Verwenden Sie daher vorzugsweise niedrige, kriechende Bodendecker. Bedenken Sie jedoch, dass Pflanzen immer dem Licht zustreben. Sie erfüllen also nicht an jeder Stelle die gewünschte Funktion: Auf der falschen Seite gepflanzt, würden sie vom Ufer weg streben, anstatt den Rand zu festigen und die Folie zu kaschieren.

Ziegelsteine, Platten und Fliesen

Materialien dieser Art bilden die perfekte Einfassung für formale Teiche sowie für Wasserelemente auf Terrassen und auf engem Raum. Lassen Sie sich bei der Wahl vom Farbspektrum und Stil der Materialien in der näheren Umgebung leiten.

Die Verarbeitung dieser Materialien erfordert Sorgfalt und Know-how. So muss man erst eine Schotter- und darauf eine Mörtelschicht aufbringen, in der das Pflastermaterial verlegt wird. Besonders schwierig ist es, mit Ziegelsteinen ordentliche Reihen herzustellen oder gar eine Verbindung zu einer bereits bestehenden Fläche zu schaffen. Pflasterplatten lassen sich aufgrund ihres Großformats etwas einfacher verarbeiten, sind dafür aber extrem schwer und müssen fest einzementiert werden. Sie sollten nicht mehr als knapp 10 cm über das Wasser ragen, und wahrscheinlich lässt es sich nicht vermeiden, dass sich die eine oder andere durch regelmäßiges Betreten des Randbereichs doch lockert.

Achten Sie darauf, dass während der Arbeiten möglichst kein Mörtel ins Wasser gelangt. Sollte dies dennoch passieren, das Wasser entweder austauschen oder etwa 1 Monat warten, bevor Sie Fische in den Teich einsetzen.

Pflanzen am Teichrand mildern einen allzu krassen Übergang.

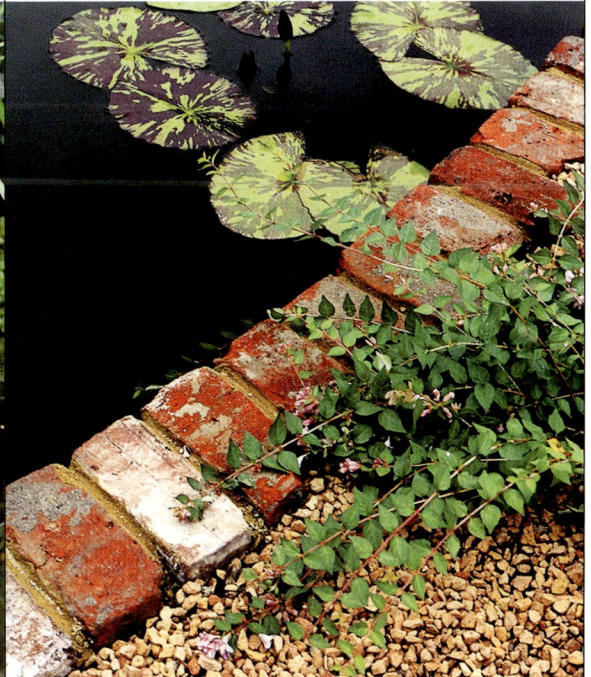

Ziegelsteine als Einfassung für einen formalen Teich.

Teichbeleuchtung

Es lassen sich ganz verschiedene Effekte erzielen. Man kann etwa ein Wasserspiel spektakulär ausleuchten, einen Teich mit Licht durchfluten oder auch einfach Kerzen auf seiner Oberfläche treiben lassen.

Die Wahl der Beleuchtung

Lichtquellen können unter oder auf der Wasseroberfläche oder auch im Garten so platziert werden, dass sie z. B. einen Wasserfall ins beste Licht rücken. Vor allem tagsüber stören unvermeidliche Installationselemente das Bild, weshalb man sie etwa mittels Felsen, Kieseln und Pflanzen kaschieren sollte. Töpfe und andere Gefäße sind ebenfalls geeignet, um Kabel, Steckverbindungen und dergleichen aufzunehmen.

Vor Installation der Beleuchtung sollte man prüfen, ob sie für Nachbarn oder auch für Tiere, die in der Umgebung ihre Ruheplätze haben, eine Beeinträchtigung darstellt. Für Zierfische müssen dunkle Rückzugsbereiche im Teich erhalten bleiben. Alle Komponenten der Beleuchtungsanlage müssen für den Einsatz im Außenbereich bzw. unter Wasser zugelassen, Stromzuleitungen armiert und tief genug eingegraben sein. Lassen Sie das System von einem Elektriker anschließen und ordnungsgemäß absichern.

Unterwasserleuchten Dicht unter der Wasseroberfläche platziert, leuchten sie einen naturnahen Teich auf angemessen unspektakuläre Weise aus. Ihre Position lässt sich nach Bedarf einfach ändern.

Schwimmkerzen Romantik pur für laue Sommerabende! Schwimmkerzen sind in vielen attraktiven Formen erhältlich, aber auch die Funktion sollte man beim Kauf nicht außer Acht lassen: Eine Abschirmung der Flamme verhindert, dass sie beim leisesten Wind erlischt oder, während die Kerze auf dem Wasser treibt, Pflanzen versengt und dass Wachs oder Öl ins Wasser gelangt.

Fest installierte Strahler Mit Strahlern, die fest auf trockenem Untergrund im Garten installiert sind, lassen sich dekorative Objekte und Springbrunnen optimal zur Geltung bringen. Prüfen Sie vor dem Kauf mit einer starken Taschenlampe, ob der erzielte Effekt Ihrer Vorstellung entspricht. Man kann mit verschiedenen farbigen Leuchtmitteln und Farbscheiben experimentieren, doch auch hier trifft der Grundsatz »weniger ist mehr« oft zu. Farblose Glühbirnen schaffen eine ruhigere Atmosphäre.

Faseroptik Diese Technik bietet die Möglichkeit, auch ohne Springbrunnen einen Teich abends mit Fontänen in Szene zu setzen. Man bekommt die Leuchten in vielen Farben, sie lassen sich sogar im Wasser einsetzen und man kann Lichtsequenzen einprogrammieren.

Von unten beleuchtet, fasziniert ein Wasserspiel besonders.

Schwimmkerzen wirken beruhigend und entspannend.

Lichteffekte

Highlights Der geschickt ausgerichtete Lichtschein von Unterwasserspots erweckt den Eindruck, als würde sich das Licht von oben in den Teich ergießen. Nur ein, zwei Elemente der Anlage sind in den Fokus gerückt. Das Halbdunkel ringsum akzentuiert die vorhandenen Schatten und täuscht große räumliche Weite und Tiefe vor.

Rundum faszinierend Spiegelungen gehören zu den reizvollsten Aspekten von Wasser. Hier erzeugt ein ringförmiges Objekt diese Effekte, und das rund um die Uhr, denn nachts projiziert es als Leuchtkörper sein Doppel auf die Wasserfläche. Eine raffinierte Inszenierung, zumal der Ring die Kontur des Teiches aufgreift.

Farbenspiel Ein Dachgarten erstrahlt in sanftem Licht, wobei auch die umgebenden strukturellen Elemente mit einbezogen werden. Die Leuchtelemente sind unter Gittern rings um den Teich sowie zwischen den umgebenden Pflanzen platziert und greifen die Farben des Wassers und Laubs gelungen auf.

Spannungsreiche Unterwasserwelt Um ein lichtdurchflutetes Zentrum wachsen aus dem Dunkel rätselhafte Schatten. Das simple Geheimnis dieser faszinierenden Installation: ein preiswertes Komplett-Set aus mehreren Unterwasserstrahlern, die halb verborgen oder auch ganz unsichtbar installiert sind.

Pumpen und Filter – Auswahl und Installation

Wasser in Bewegung verleiht einem Garten eine zusätzliche Dimension. Aber alles muss stimmen – nicht nur der Stil des Wasserelements, sondern auch die Technik, also die Pumpe samt Filter und ihre Installation.

Die Wahl der Pumpe

Man unterscheidet Außenpumpen, die neben dem Teich installiert werden, von Tauch- oder Unterwasserpumpen. Beim Kauf müssen Sie sich genau darüber im Klaren sein, welche Zwecke die Pumpe erfüllen soll.

Soll sie einen Springbrunnen, Quellsprudel oder Bachlauf oder vielleicht eine Kombination mehrerer Elemente betreiben? Welche Wasserfigur bzw. Fontänenhöhe ist bei einem Springbrunnen erwünscht?

Entscheidend ist schließlich auch die Durchflussrate der Pumpe, angegeben in l/Std. Sie darf das Volumen des Wasserreservoirs (Länge x Breite x Tiefe) nicht übersteigen.

Außenpumpen und -filter einbauen

Außenpumpen können Lärm verursachen und werden meist in einer wasserdichten Ziegelkammer untergebracht. Beim Bau der Kammer sollte man ein Lüftungsgitter, ein Abzugsloch im Boden für den Fall einer Überflutung und an einer Seite einen dicken Rohreinsatz vorsehen, durch den Zu- und Ablaufschlauch und das Pumpenkabel führen.

Die Kammer sollte so groß bemessen sein, dass man die Pumpe nicht für jeden kleinen Handgriff herausnehmen muss. Sie erhält eine mit einem Schutzanstrich versehene Holzabdeckung, die man eventuell mit Pflanzen kaschiert.

Es gibt zwei Arten von Filtern. Besonders zu empfehlen sind biologische Filter, die mittels enthaltener Bakterien das Wasser reinigen. Mechanische Filter saugen hingegen einfach Schmutzpartikel aus dem Wasser. Beide Typen können der Pumpe vor- oder nachgeschaltet werden.

Man sollte Außenfilter möglichst am höchsten Punkt einer Wasseranlage platzieren. Die Pumpe sollte so weit wie möglich von der Stelle entfernt sein, an der das filtrierte Wasser in den Teich (z. B. in den unteren Teich eines Wasserfalls) zurückfließt. So stellt man sicher, dass ein Maximum an Wasser den Filter passiert.

Mit der Wahl der passenden Pumpe stellen Sie sicher, dass das Wasser genau die richtige Fließgeschwindigkeit hat.

Beim Bau einer Pumpenkammer Lüftungseinsatz, Abzugsloch und einen Durchlass für die Zuleitungen berücksichtigen.

Tauchpumpen und Unterwasserfilter installieren

Laufruhiger und leichter zu installieren als eine Außenpumpe ist eine Unterwasserpumpe. Ein aus ein paar Ziegeln errichteter Sockel verhindert, dass allzu viel Schlamm vom Beckengrund ins Gerät eindringt.

Wo Sie die Pumpe einbauen, hängt davon ab, ob Sie einen Unterwasser- oder Außenfilter einsetzen. In letzterem Fall befolgen Sie den Hinweis zum Einbau von Außenfiltern: Positionieren Sie die Pumpe so weit wie möglich entfernt von dem Punkt, an dem das filtrierte Wasser in den Teich zurückfließt.

Demgegenüber muss ein Unterwasserfilter auf dem Teichgrund nahe der Pumpe installiert werden, da diese Wasser durch den Filter ansaugt. Pumpe wie Filter sollten möglichst dicht bei einem Springbrunnen bzw. unter einem Wasserfall platziert werden. So muss das Wasser bis zum oberen Ende des Speirohrs respektive Wasserfalls die kürzestmögliche Strecke zurücklegen, die Pumpenleistung wird also optimal genutzt.

Quellbecken für Bachläufe und Wasserfälle

Wenn Sie einen möglichst naturgetreuen Bachlauf anlegen möchten, sollten Sie am oberen Ende ein kleines Quellbecken (Reservoir) vorsehen, von dem aus das Wasser hinunter in den Teich (Sammelbecken) strömen kann. Ebenso ließe sich das nach oben gepumpte Wasser durch einen Schlauch wieder einspeisen, aber so ein Quellbecken ist doch entschieden ansprechender.

Falls es sogar groß genug ist, um Fische zu beherbergen, bringen Sie dort, wo das Wasser in den Bachlauf strömt, ein verzinktes Gitter an, damit sie nicht entwischen können. Ein solches Gitter bremst allerdings den Wasserdurchfluss – denken Sie bei der Pumpenwahl daran.

Achten Sie bei der Installation der Anlage auch darauf, dass sich das Ende des Schlauches, der das Wasser von der Pumpe zum Quellbecken befördert, oberhalb des Wasserspiegels des Sammelbeckens befindet. sonst fließt das Wasser bei Abschalten der Pumpe zurück. Ein zwischengeschaltetes Rückschlagventil verhindert den Wasserrückfluss.

Tauchpumpen sind einfach zu installieren und geräuscharm. Man platziert sie auf ein, zwei Ziegeln auf dem Teichgrund.

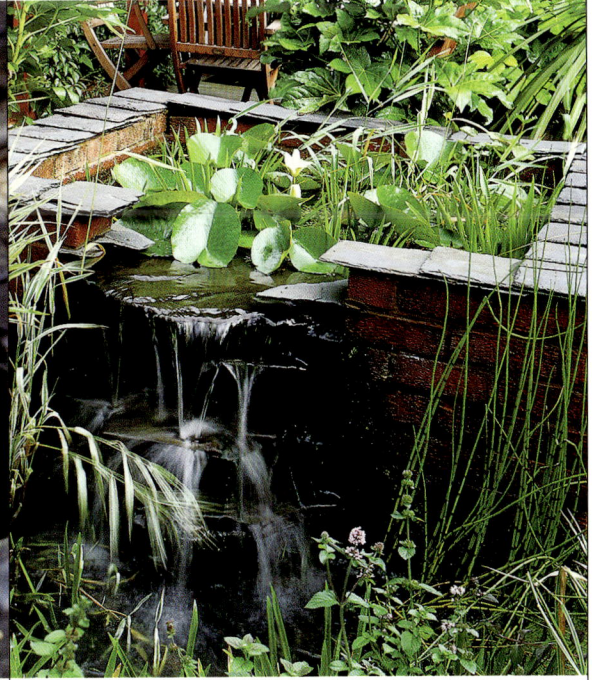

Ein kleiner Teich am oberen Ende eines Wasserfalls oder Bachlaufes fungiert als Reservoir, das das System speist.

Die richtige Pumpe für jeden Zweck

Für verschiedene Zwecke sind Pumpen unterschiedlicher Bauart und Leistung erhältlich. Lassen Sie sich beim Kauf beraten.

Wasserfontänen

Sie bilden die einfachste Form des Springbrunnens. Bei der Installation muss man auf einen angemessenen Abstand zu Seerosen sowie zum Teichrand achten.

Pumpentyp Benötigt wird eine Tauchpumpe, die man möglichst nahe am Springbrunnenelement bzw., bei mehreren Fontänen, zwischen den Elementen platziert.

Zierbrunnen

Es gibt sie in verschiedenen Größen und unterschiedlichsten Designs. Entscheidendes Auswahlkriterium ist neben dem Stil Ihres Teiches und des gesamten Gartens der Installationsaufwand, der mit dem jeweiligen Modell und der dafür erforderlichen Pumpe verbunden ist.

Pumpentyp Man benötigt eine Tauchpumpe von entsprechender Leistungsstärke. Holen Sie vor dem Kauf den Rat eines Experten ein, vor allem wenn Sie einen Springbrunnen mit mehreren Sprühdüsen installieren wollen. Die Pumpe muss stark genug sein, um das Wasser ausreichend hoch und weit zu schleudern. Große Zierbrunnen können auch mit einer Außenpumpe betrieben werden (*siehe Seite 40*).

Quellsprudel

Ob eher simpel oder komplexer angelegt, basiert ein Quellsprudel stets auf einem darunter versteckt installierten Wasserreservoir. Dieses muss nicht riesig, aber doch groß genug dimensioniert sein, um verdunstendes Wasser nicht allzu häufig ergänzen zu müssen. Der Zugang wird geschickt kaschiert.

Pumpentyp In das Wasserreservoir wird eine Tauchpumpe eingesetzt. Bei nur einer Sprudelquelle reicht aufgrund der geringen Förderdistanz eine kleine Pumpe. Dagegen braucht man bei drei Düsen, wie hier gezeigt, entweder ein leistungsstärkeres Gerät oder aber drei kleine Einzelpumpen.

Zierbrunnen mit mehreren Sprühdüsen

Das Spektrum der Stilrichtungen und verwendeten Materialien ist breit gefächert. Bei Ihrer Kaufentscheidung sollten Sie jedoch nicht allein danach gehen, ob Ihnen der Brunnen selbst gefällt. Zu berücksichtigen ist auch die Dimension des Wasserspiels, das ja auf das Brunnendesign zugeschnitten ist, aber den Rahmen Ihres Teiches nicht sprengen darf.

Pumpentyp Perfekt ist in diesem Fall eine Tauchpumpe, die unter dem Brunnen installiert wird. Die erforderliche Leistungsstärke hängt von der Zahl der Sprühdüsen und der vom Design vorgegebenen Fontänenhöhe ab. In gewissem Umfang lässt sich der Wasserdruck jedoch am Gerät regeln.

Wasserrinnen und Kanäle

Aus einem Reservoir strömt Wasser, getrieben von der Schwerkraft, zu einem tiefer gelegenen Sammelbecken. Inspiriert durch herrliche Vorbilder aus Gärten der islamischen Welt erfreuen Wasserrinnen und Kanäle Auge und Ohr gleichermaßen. Dass sie sich auch auf begrenztem Raum realisieren lassen und sogar in moderner Interpretation, zeigt nebenstehendes Foto.

Pumpentyp Eine am Sammelbecken installierte Tauchpumpe befördert das Wasser wieder hinauf zum Reservoir. Die erforderliche Leistungsstärke errechnet sich aus der Distanz und dem Höhenunterschied, den das Wasser auf dem Weg zum Reservoir hinter sich bringen muss, sowie aus der gewünschten Fließgeschwindigkeit.

Wasserelement im »Briefkasten«-Stil

Auch ein solches Konzept lässt sich in kleinen Gärten hervorragend umsetzen. Aus einem Trog strömt Wasser durch einen Auslass, dessen breite und flache Form an einen Briefkastenschlitz erinnert, in ein kleines Sammelbecken. Von dort wird es zurück in den Trog gepumpt.

Pumpentyp Wieder bildet eine Tauchpumpe die perfekte Lösung. Ihre erforderliche Leistungskapazität bemisst sich nach der Höhe des oberen Wasserspiegels sowie der Distanz zwischen der Pumpe und der Eintrittsstelle des Wassers in den Trog.

Bodenarten und Pflanzbehälter

Gibt man Wasser- und Sumpfpflanzen das richtige Substrat, hat man an ihnen lange Freude. Auch das Pflanzgefäß muss passen.

Für Wasserpflanzen geeignete Böden

Hochwertige Erde unterstützt den Pflanzenwuchs, fördert das ökologische Gleichgewicht im Teich und hilft mit, eine übermäßige Algenbildung zu unterbinden. Optimal ist gut durchlässige und nicht durch Pestizide verseuchte Gartenerde. Eine Beimischung von etwas feinem Splitt oder Sand bewirkt, dass Sauerstoff führendes Wasser gut hindurchfließen kann. Das Milieu sollte leicht sauer bis neutral sein (kalkhaltige Erde vermeiden). Alternativ mischt man Mutterboden (im Fachhandel erhältlich) mit gut verrottetem Stallmist. Künstliche Substrate sind zwar praktisch, langfristig jedoch Gartenerde unterlegen.

Wenn Tonanteile im Boden das Wasser milchig trüben, etwas abgelagerten Stallmist in einen Plastikbeutel füllen. Zubinden, mit einer Küchengabel durchlöchern und für 1–2 Wochen ins Wasser geben. Es klärt sich durch den sinkenden pH-Wert und durch Verklumpen des Tons.

Für Sumpfgärten geeignete Böden

Staunasser Grund enthält wenig bis gar keinen Sauerstoff und ist damit für die meisten feuchtigkeitsliebenden Pflanzen völlig ungeeignet. Daher muss man beim Anlegen eines Sumpfgartens für ausreichende Drainage sorgen, indem man die Folienauskleidung des Beetes am Grund perforiert. So stellt man sicher, dass überschüssiges Wasser abfließt, und es kann genügend Sauerstoff an die Pflanzenwurzeln gelangen. Unterstützend wirkt dabei ein durchlässiger Boden. Man erhält ihn, indem man lehmige Gartenerde mit feinem Splitt und etwas Sand anreichert, wobei gleichzeitig enthaltene Tonklumpen aufgebrochen werden.

Wie andere Pflanzen in einem gewöhnlichen Beet brauchen auch feuchtigkeitsliebende Pflanzen, die im Sumpfgarten wachsen, ausreichend Dünger. Man sollte daher zusätzlich gut verrotteten Stallmist mit einer Gabel in die vorbereitete Erde einarbeiten und dies in den Folgejahren wiederholen.

Ein sehr sandiger Boden ist stark durchlässig. Damit er Feuchtigkeit besser hält, reichert man ihn mit einer großzügigen Menge gut abgelagerten Stallmistes sowie etwas Ton an, den man in einem Gartenbaubetrieb erhält.

Am besten gedeihen Wasserpflanzen in gut durchlässiger Gartenerde ohne Pestizidrückstände.

Für einen Sumpfgarten mischt man Gartenerde mit Splitt und etwas Sand, es sei denn, der Boden ist ohnehin sehr sandig.

Pflanzkörbe für Teichpflanzen

Mit Pflanzkörben erzielt man niemals dasselbe Bild, das sich ergibt, wenn Pflanzen in einem natürlichen Untergrund wachsen. Dafür bieten Körbe gleich mehrere Vorteile. Mit ihnen lässt sich die bei vielen Wasserpflanzen vorhandene Neigung zum Wuchern zügeln. Außerdem kann man Pflanzen in Körben nach Bedarf umplatzieren oder auch einfach aus dem Wasser holen, wenn es an der Zeit ist, sie zu teilen.

Pflanzkörbe aus Kunststoff sind in verschiedenen Größen und Formen, passend also für alle Situationen, erhältlich. Dank ihrer Gitterstruktur werden die Pflanzenwurzeln gut mit lebenswichtigem Sauerstoff versorgt. Optimal sind Körbe mit feinen Löchern, denn bei größeren Öffnungen wird leicht die Erde herausgespült. Solche Körbe muss man daher zunächst mit Netzgewebe aus Kunststoff auskleiden. Sackleinen ist nicht zu empfehlen, da es schnell verrottet und dann erneuert werden muss.

Ein weiteres Kriterium beim Kauf von Pflanzkörben ist die Größe der ausgewachsenen Pflanzen. Zu kleine Körbe behindern sie in ihrer Entwicklung. Außerdem sind die Pflanzen in ihnen nicht sicher verankert und könnten daher leicht umkippen.

Alternative Pflanzgefäße

Die gleichen Zwecke wie starre Pflanzkörbe erfüllen Pflanztaschen aus feinem, geschmeidigem Netzmaterial.

Tontöpfe und -schalen mit seitlichen Löchern eignen sich speziell für kleine Wasserelemente. Meist muss man sie mit feinem Netzgewebe auskleiden, aber sie bieten den Pflanzen genug Halt und sind an sich schon dekorativ.

Sehr attraktiv können die in Großbritannien verbreiteten »strawberry planters« (größere Gefäße mit ringsum verteilten größeren Öffnungen) in Kombination mit einem kleinen Sprudelaufsatz wirken. Sie setzen einen vertikalen Akzent und rücken kleine Pflanzen, die sonst in der Randzone gedeihen, stärker in den Blickpunkt. Das Gefäß in einem Wasserbecken oder am Teichrand platzieren. Durch das Bodenloch einen Schlauch führen, der an eine kleine Pumpe angeschlossen ist. Das Gefäß mit Erde füllen und kleine Pflanzen so einsetzen, dass sie aus den Öffnungen herauswachsen. Das oben hervorsprudelnde Wasser sickert durch die Erde und aus den Öffnungen heraus oder es quillt, bei höherem Wasserdruck, über den Gefäßrand.

Schließlich könnte man, wo wenig Platz vorhanden ist, an einer Mauer mehrere Pflanzgefäße stufenartig anbringen, sodass das Wasser vom einen ins nächste läuft.

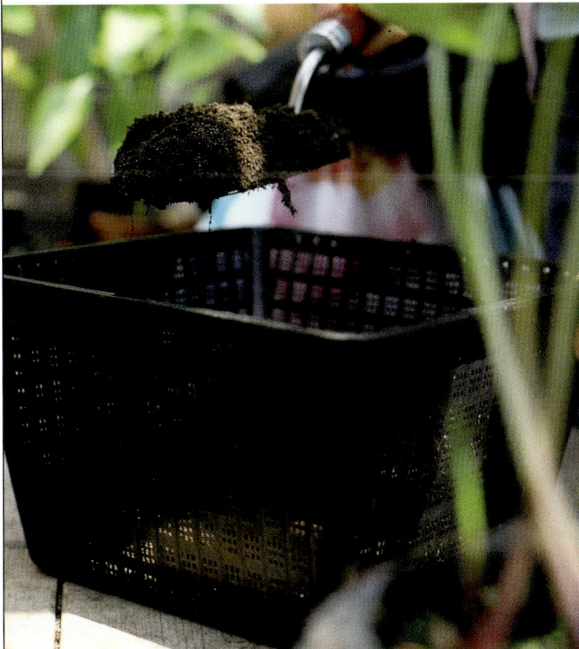

Wählen Sie möglichst Pflanzkörbe mit feinem Gitter, die man direkt bepflanzen kann, ohne sie zuvor auszukleiden.

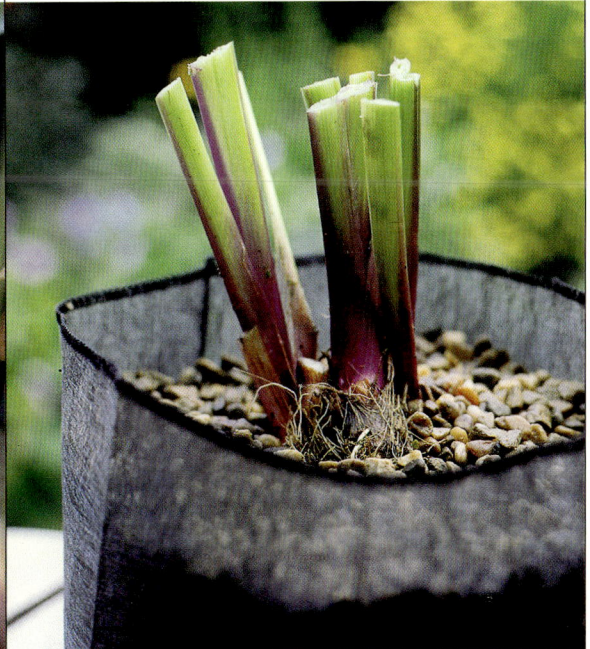

Pflanztaschen aus weichem, wasserbeständigem Material passen sich einem unebenen oder geneigten Untergrund gut an.

Kleine Wasser-elemente gestalten

Zu kleinen Wassergärten umfunktionierte Keramiktöpfe und Fässer lassen sich noch auf engstem Raum unterbringen. Eine Amphore, aus der stetig Wasser plätschert, erregt auf einer Terrasse oder in einem Kiesgarten unweigerlich Aufmerksamkeit. Wie Sie diese Elemente realisieren können oder wie Sie ein modernes Hochbeet mit Wandbrunnen gestalten, wird auf den folgenden Seiten Schritt für Schritt erläutert. Sollte Ihr Wasserelement eine Stromversorgung benötigen, muss diese unbedingt von einem ausgebildeten Elektriker installiert werden.

Einen Wassergarten im Keramiktopf anlegen

Ein Wassergarten im Keramiktopf, begrünt mit einer Miniatur-Seerose und anderen kleinen Wasserpflanzen wie *Juncus effusus* 'Spiralis', ist ideal für kleine Terrassen und Balkone.

Tipps und Tricks

Um schöne Blüten zu bilden, brauchen Seerosen Sonne. Platzieren Sie sie auf dem Teichgrund und überdüngen Sie nicht.

1   Wählen Sie einen eher schalenförmigen Keramiktopf in einer Farbe, die Ihnen gefällt. Er sollte ungefähr 45 cm hoch und oben möglichst weit sein. Achten Sie auf Frostbeständigkeit des Materials.

2   Den Topf innen kräftig schrubben und mit frischem Wasser ausspülen (keine Reinigungsmittel verwenden). Unglasierte Töpfe mit Mattlack abdichten oder mit Teichfolie auslegen, Abzugslöcher mit Korken oder Silikon verschließen.

3   Jetzt füllen Sie den Topf bis ungefähr 5 cm unter dem Rand möglichst mit Regenwasser. Man kann auch Leitungswasser verwenden, sollte dann allerdings mit der Bepflanzung etwa 1 Tag warten.

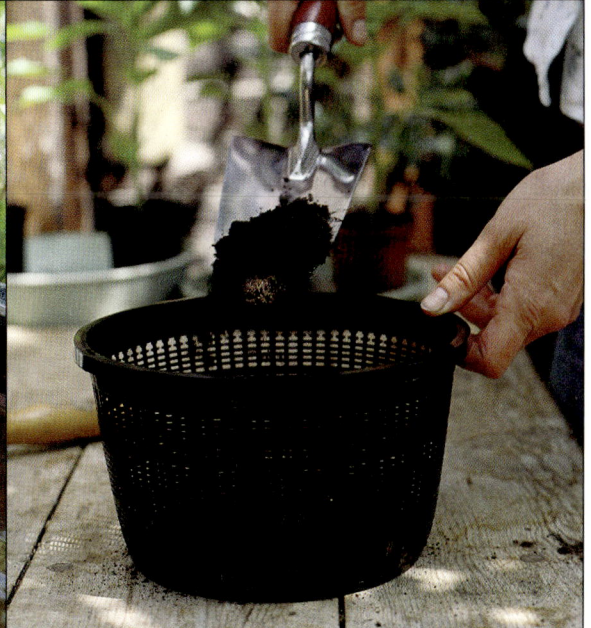

4   Der Pflanzkorb sollte fein gelocht sein. Gefäße mit großen Löchern erst mit feinem Plastiknetz (nicht etwa mit Sackleinen!) auskleiden, bevor man eine Schicht gute Lehmerde oder Pflanzerde auf Lehmbasis einfüllt.

Einen Wassergarten im Keramiktopf anlegen (*Fortsetzung*)

5 Die Seerose vorsichtig aus ihrem bisherigen Gefäß lösen, in die Mitte des Pflanzkorbes setzen und diesen mit unbehandelter Gartenerde oder Pflanzerde auf Lehmbasis auffüllen.

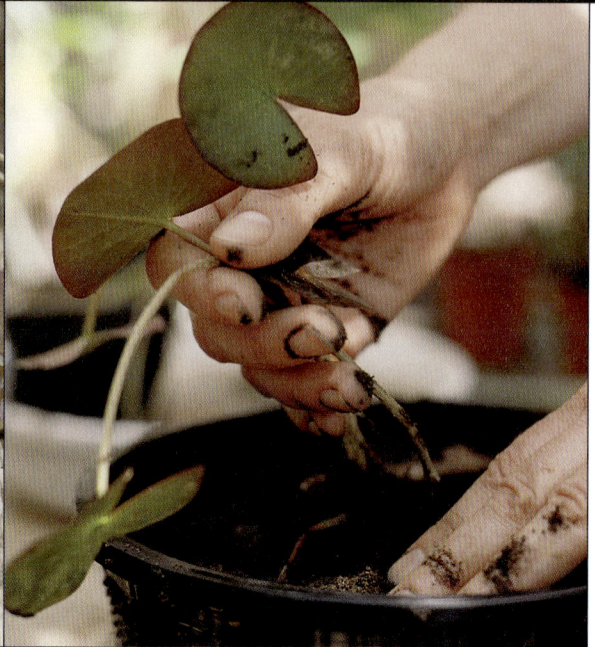

6 Die Erde behutsam andrücken. Die Pflanze inspizieren und von etwaigen Wasserlinsen sowie durch vorsichtiges Abwischen der Blätter von Algen befreien. Das Laub, damit es inzwischen nicht austrocknet, besprühen.

7 Mit einer Lage feinem Kies lässt sich verhindern, dass die Erde weggeschwemmt wird. Falls Sie sich dafür entscheiden, waschen Sie den Kies zuvor in frischem Wasser, das Sie mehrmals erneuern.

Tipps und Tricks

Sollte das Gefäß für die Pflanzen zu tief sein, bringt man sie durch einen Sockel aus Ziegeln auf die richtige Höhe.

8 Die Seerose in den Keramiktopf setzen. Es macht nichts, wenn ihre Blätter untergetaucht sind – sie werden rasch die Oberfläche erreichen. Nach Belieben noch ein, zwei kleinere Pflanzen in separaten Körben einsetzen.

Einen rustikalen Fassteich gestalten

Halbfässer lassen sich in perfekte Miniaturteiche verwandeln – mit hübscher Bepflanzung (hier Sumpf-Dotterblumen, *Sagittaria* und *Butomus*) und sogar ein, zwei Fischen.

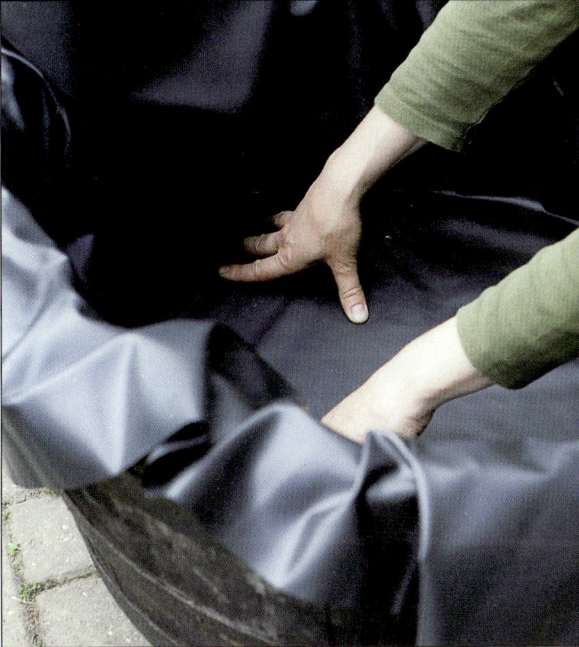

1 Ein Holzfass könnte lecken. Sicherheitshalber wird es daher mit einer leichten Teichfolie ausgeschlagen, die zugleich verhindert, dass giftige Rückstände eines etwaigen Schutzanstrichs später ins Wasser gelangen.

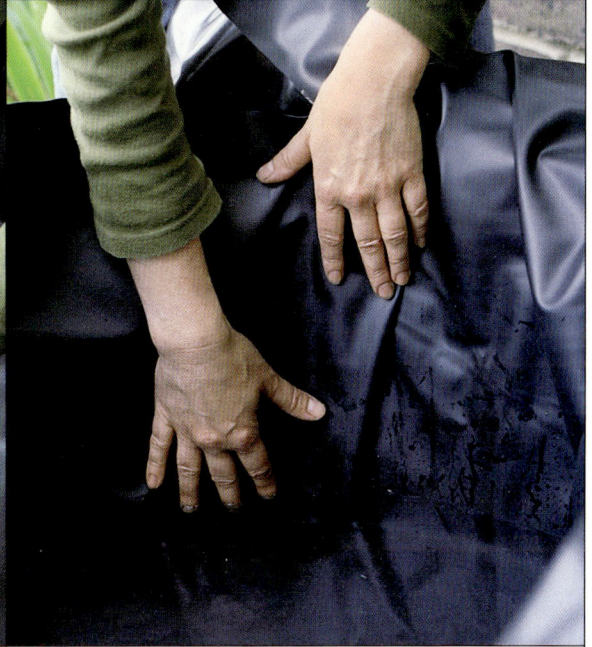

2 Die Folie über Boden und Rand des Fasses breiten, dabei richtig in den unteren Knick hineindrücken, sodass sie komplett am Boden aufliegt. Falten, so weit möglich, glätten, dann bis auf halbe Höhe Wasser einlassen.

3 Nun den Überschuss der Folie, die sich unter dem Druck des Wassers perfekt an den Fassboden angeschmiegt hat, abschneiden – sie soll oben nur etwa 7,5 cm breit überstehen.

4 Den Überstand nach innen umlegen und die Folie dicht unterhalb des Fassrands mit verzinkten Nägeln (nicht länger als die Stärke der Fasswand) oder auch Tackerklammern befestigen.

Einen rustikalen Fassteich gestalten (*Fortsetzung*)

5 Berücksichtigen Sie beim Einsetzen der Pflanzen die jeweils erforderliche Wassertiefe (Abstand zwischen Oberkante des Pflanzkorbs und Wasseroberfläche). Vielleicht benötigen manche Pflanzen ein Ziegelpodest.

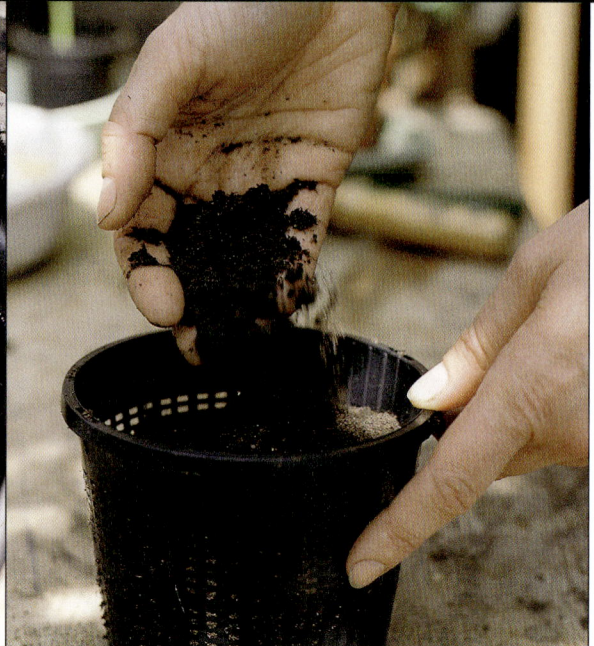

6 Verwenden Sie Pflanzkörbe mit feinen Löchern, andernfalls müssen sie, damit die Erde nicht ausgeschwemmt wird, mit einem feinen Plastiknetz ausgeschlagen werden. Mit Erde füllen und bepflanzen.

7 Sauerstoffbildner kauft man meist als Setzlinge. Für sie genügt ein mit einem Bleistift gebohrtes Pflanzloch. Bis sie gut angewachsen sind, nahe der Oberfläche platzieren, wo sie besonders viel Licht abbekommen.

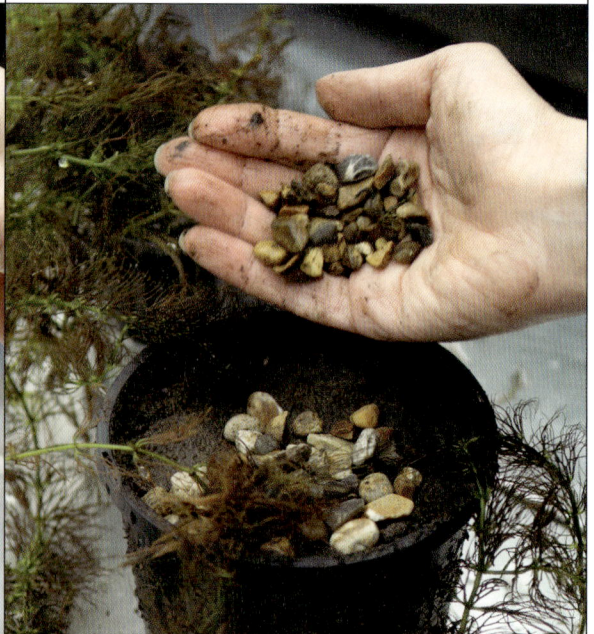

8 Damit das Wasser nicht durch Erde getrübt wird, die Pflanzkörbe mit einer Kiesabdeckung versehen. Falls Sie in dem Teich auch Fische halten, verhindert der Kies zugleich, dass diese die Erde aufwühlen.

9 Die Körbe in das Fass einsetzen (es ist kein Problem, wenn die optimale Wassertiefe um wenige Zentimeter über- oder unterschritten wird). Das Wasser langsam in das Fass füllen, um die Pflanzen zu schonen.

Eine überfließende Amphore installieren

Wasser, das unablässig sanft fließt und dabei leise plätschert und sprudelt – ein solches Element ist nicht nur äußerst attraktiv, es lässt sich auch in Minigärten realisieren.

1 Als Wasserreservoir dient ein Plastikkübel mit stabilem Deckel. Graben Sie dort, wo die Amphore stehen soll, ein Loch, das größer ist als das Gefäß selbst. Lassen Sie von einem Elektriker den Stromanschluss installieren.

2 Alle größeren und scharfkantigen Steine aus dem Erdloch entfernen, das man anschließend mit feuchtem Sand auskleidet. Das Wasserreservoir einsetzen und waagerecht ausrichten (mit der Wasserwaage prüfen).

3 Den Hohlraum rings um das Reservoir mit Sand oder einem vergleichbaren Material auffüllen. Wenn das Reservoir fest im Grund eingebettet ist, unbedingt nochmals mit der Wasserwaage prüfen, ob es gerade steht.

Eine überfließende Amphore installieren (*Fortsetzung*)

4 Die Pumpe so in das Reservoir setzen, dass ihr Auslass (den man eventuell mit einem Verlängerungsstück versehen muss) exakt in das Loch im Boden der Amphore führt. Das Reservoir mit einem Deckel mit Loch versehen.

5 Die Amphore über dem Reservoir platzieren und das Loch in ihrem Boden, durch das nun der Pumpenauslass in das Gefäß führt, mit Silikonmasse abdichten. 24 Stunden lang komplett aushärten lassen.

6 Ein langes Rohrstück auf den Durchflussregler der Pumpe aufstecken, den Sie dann mit dem Pumpenauslass unten in der Amphore verbinden. Das Rohrstück soll knapp unter dem Rand der Amphore enden.

7 Nun können Sie das Reservoir und die Amphore mithilfe eines Gartenschlauchs mit Wasser füllen. In der Amphore soll das Wasser so hoch stehen, dass das Rohrstück minimal herausragt.

8 Die Installation einer Außensteckdose für die Stromversorgung der Pumpe, die Verlegung des Kabels (in einer Schutzhülse) und die fachgerechte Absicherung des Systems lassen Sie von einem Elektriker vornehmen.

9 Den Rand des Reservoirs mit Kies abdecken. Dabei einen kleinen Bereich frei lassen, da Sie auf jeden Fall hin und wieder – bei warmem Wetter mindestens einmal pro Woche – das Reservoir auffüllen müssen.

10 Zuletzt nach Belieben dicke Kiesel o. Ä. auf dem Kies um die Amphore verteilen. Die Pumpe einschalten und den Durchfluss regeln, sodass das Wasser sanft übersprudelt, seitlich herunterrinnt und in das Reservoir zurückläuft.

Ein modernes Hochbeet mit Wandbrunnen bauen

Von einem Wandbrunnen fließt Wasser in einen Steinguttrog, der in ein Hochbeet integriert ist. Das Element dient auch als Sitzgelegenheit – ideal etwa für eine kleine Terrasse.

1 Fügen Sie 4 Kanthölzer (5x5 cm) entsprechend dem geplanten Grundriss des Hochbeetes mit verzinkten Schrauben zu einem Rahmen zusammen. 4 Eckpfosten anbringen (die Schrauben im 45-Grad-Winkel setzen).

2 Die Pfosten werden ihrerseits oben mit 4 waagerechten Kanthölzern verbunden (wieder verzinkte Schrauben verwenden). Schieben Sie das Gestell zur Stabilisation an dem vorgesehenen Platz dicht an die Wand.

3 Vorne und seitlich jeweils drei Holzbretter anschrauben. Zwischen diesen etwa 8 cm breite Lücken lassen, durch die man später die schwarze Innenverkleidung sieht. (Alternativ mehr Bretter ohne Abstände anbringen.)

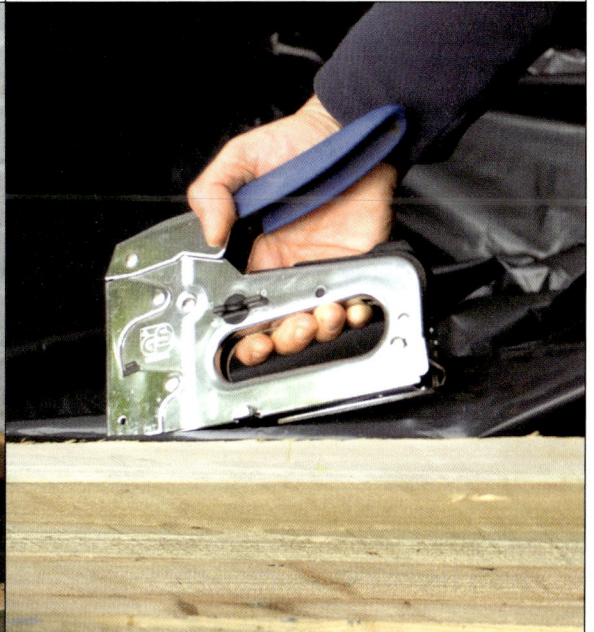

4 An den Innenwänden kräftige schwarze Folie fest antackern, die Wandseite jedoch aussparen. Das Gestell innen an den Stellen, die nicht mit Folie bedeckt sind, mit wetterfester Farbe streichen.

Ein modernes Hochbeet mit Wandbrunnen bauen (*Fortsetzung*)

5 Die Höhe des Steinguttroges messen – vielleicht verschwindet er im Gestell und braucht daher einen Ziegel- oder Betonsockel. Man könnte den Trog auch weglassen und das Gestell komplett mit Folie auskleiden.

6 Um den Trog abzudichten, einen Stöpsel aus wasserbeständigem Holz exakt zuschneiden, streichen und mit wasserfestem Silikon in den Ausguss kleben. Zusätzlich auch die Kante mit Silikon versiegeln.

7 Setzen Sie nun den Trog – eventuell auf einem Sockel – so in das Gestell, dass zu beiden Seiten gleich viel Platz bleibt. Vergewissern Sie sich mit einer Wasserwaage, dass er perfekt waagerecht ausgerichtet ist.

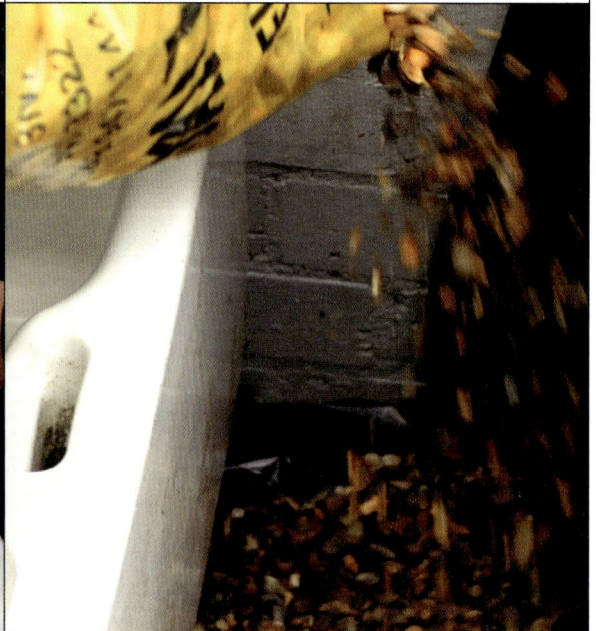

8 Falls auf beiden Seiten des Beckens genügend Platz für Pflanzen ist, diese Zwischenräume bis auf ein Drittel der Höhe mit Kies füllen (er fungiert, wenn die Beete angelegt werden, als Drainageschicht).

9 Über den Kies Garten- oder Universalerde geben, leicht zusammendrücken und nochmals auffüllen. Seitlich und vorne auf das Gestell Bretter aufschrauben (die aneinander stoßenden Enden im 45-Grad-Winkel abschneiden).

10 Front und Seiten der Konstruktion mit Holzfarbe für den Außenbereich oder einem Holzschutzmittel in einer Farbe streichen, die mit der schwarzen Innenverkleidung und den vorgesehenen Pflanzen schön kontrastiert.

11 Die Pflanzen aus ihren Töpfen nehmen und in die Erde einsetzen. Falls Sie auch den Wandbrunnen installieren wollen, wählen Sie für Ihr Hochbeet feuchtigkeitsliebende Pflanzen wie Gräser und Farne.

12 Sollten Sie auf den Brunnen verzichten, nur noch das Becken mit Wasser füllen und in Zukunft regelmäßig gießen, sodass die Pflanzenerde konstant feucht bleibt. Für die Montage des Brunnens siehe Seite 64–65.

Ein modernes Hochbeet mit Wandbrunnen bauen (*Fortsetzung*)

13 Man benötigt eine Tauchpumpe, die das Wasser vom Grund des Troges bis zu der Höhe pumpen kann, aus der das Wasser herabfallen soll. Einen Kunststoffschlauch entsprechend zuschneiden und auf die Pumpe stecken.

14 Die Pumpe in den Trog setzen, das Kabel hinter der rückwärtigen Trogkante zu einer Außensteckdose führen. Bevor Sie den kompletten Brunnen installieren, einen kurzen Testlauf der Pumpe durchführen.

15 Jetzt stecken Sie das andere Ende des Kunststoffschlauchs an den Zulauf unten am Wasserkasten (Reservoir) und sichern es mit einer Schlauchklemme.

16 Für die Montage des Wasserkastens mit Wasserüberlauf Löcher bohren (Steinbohrer verwenden). Den Kasten mit Spreizdübeln und verzinkten Schrauben anbringen. Gummischeiben verhindern, dass Wasser herausläuft.

17 Das Oberteil des Wasserkastens zum Verdecken der Schrauben einhängen und die Stahlverkleidung anbringen, hinter der Kabel und Schlauch verschwinden. Alternativ als Verkleidung eine wasserbeständige Spanplatte verwenden.

18 Nachdem die Verkleidung fest installiert ist, wird der Trog fast bis zum Rand mit Wasser gefüllt. Das Stahlgehäuse weist unten eine Reihe von Bohrlöchern auf, durch die das Wasser zur Pumpe fließen kann.

19 Wenn Sie nun die Pumpe einschalten, wird das Wasser durch den Schlauch ins Reservoir befördert und läuft über das Blech, das leicht nach vorne geneigt ist und so das Wasser schön fließen lässt, wieder ins Becken.

Einen Kanal bauen

Mit seinen klaren Konturen bildet ein schmaler Kanal das perfekte Wasserelement für einen modernen Garten. Bestechend schlicht ist dieser Entwurf, der sich leicht nachbauen lässt.

1 Den Boden glatt rechen bzw., falls der Kanal in einem Rasen verlaufen soll, diesen zunächst im entsprechenden Bereich abheben, um die Erde freizulegen. Mit Stöcken und Schnur den Kanalumriss genau abstecken.

2 Den Kanal 15–20 cm tief ausheben. Für die Ziegeleinfassung (*siehe Seite 68*) längsseits jeweils eine flachere Stufe anlegen. Die Oberkante des Kanals muss exakt waagerecht verlaufen (mit der Wasserwaage prüfen).

3 Verteilen Sie über der Kanalsohle eine Lage weichen Sand, den Sie dann mit einem Holzstampfer komprimieren. Anschließend wird mit der Wasserwaage geprüft, ob die Kanalsohle waagerecht verläuft.

Einen Kanal bauen (*Fortsetzung*)

4 An einem Ende des Kanals die Erde für das Wasserreservoir so tief ausheben, dass dessen Rand mit der Kanalsohle exakt auf einer Höhe liegt. Das Gefäß in das Loch setzen und die Seiten mit Erde hinterfüllen.

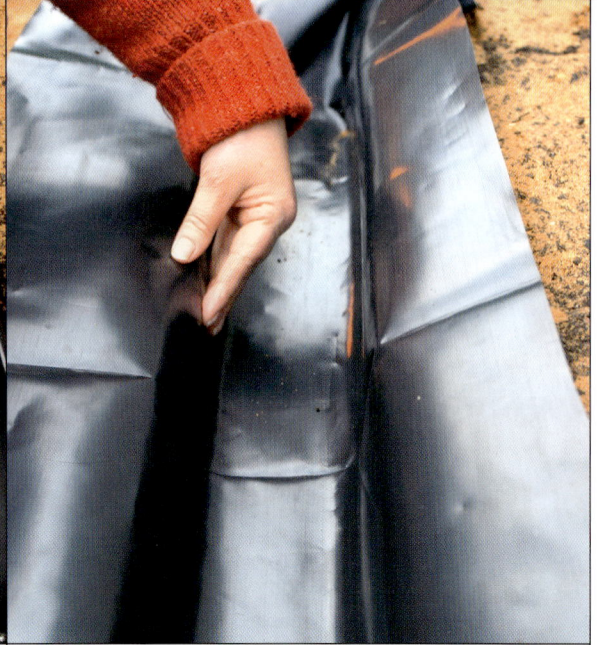

5 Den Kanal mit robuster Teichfolie auskleiden. Sie soll auch die langen Uferstreifen bedecken, sodass sie später unter den Ziegeln verschwindet. Gut in die Winkel hineindrücken und alle Falten glatt streichen.

6 Entlang den Längsseiten und am Ende gegenüber dem Reservoir Ziegel in ein etwa 5 cm hohes Fertigmörtel-Bett setzen. Die Fugen nicht komplett mit Mörtel füllen. Sauber arbeiten, sodass kein Mörtel in den Kanal fällt.

7 Einen flexiblen Schlauch (Kanallänge plus 45 cm) durch den Kanal führen, am besten seitlich. Die Pumpe ins Reservoir einsetzen und das Kabel, geschützt durch ein Mantelrohr, zu einer Außensteckdose führen.

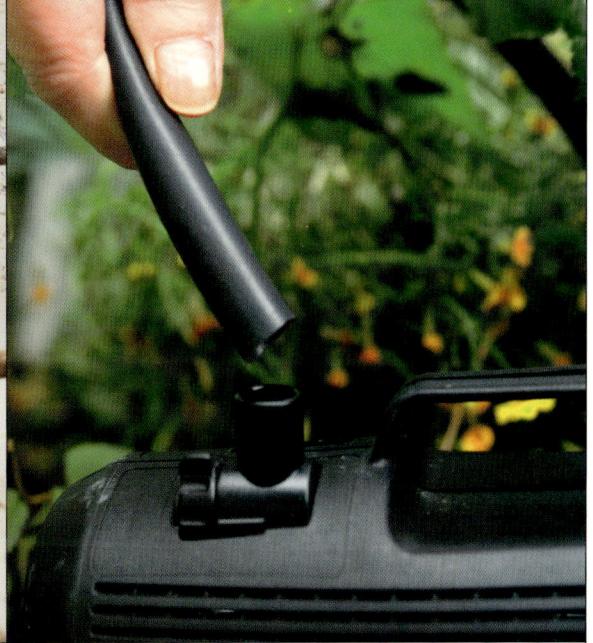

8 Den Schlauch vor dem Aufstecken auf die Pumpe bei Bedarf mit einem scharfen Messer kürzen (er muss bis zum anderen Kanalende reichen). Prüfen, ob die Pumpe funktioniert, und den Durchfluss einstellen.

9 Als Abdeckung für das Reservoir dient ein stabiles Metallgitter, das man unter dekorativen Steinen versteckt. Dabei erleichtert ein nicht zu aufwändiges Arrangement Wartungsarbeiten an der Pumpe.

10 Den Kanalgrund mit grobem Splitt oder Kies abdecken, um die Folie samt Schlauch zu kaschieren. Das Wasser einlassen und die Pumpe einschalten. Für die weitere Umrandung verwenden Sie ein Material Ihrer Wahl.

Teiche und Bachläufe anlegen

Ein Teich, umgeben von prächtigen Pflanzen, macht einen kleinen Garten zu einer echten Attraktion. Ihn anzulegen ist dennoch nicht allzu schwierig – die einzelnen Schritte sind auf den folgenden Seiten erklärt. Pflanzenliebhaber könnten daneben noch einen Sumpfgarten schaffen, der ebenfalls nicht allzu viel Aufwand mit sich bringt. Ein etwas größeres Vorhaben stellt hingegen die Gestaltung eines Bachlaufs mit Wasserfall dar, aber was dabei herauskommt, macht alle Mühe auf jeden Fall wett. Am Ende des Kapitels finden Sie eine Anleitung für ein solches Projekt.

Ein naturnaher Folienteich

Der Vorteil eines Folienteichs liegt darin, dass man ihm jede beliebige Form geben kann. Je komplizierter diese allerdings ist, desto kostspieliger ist das Ganze.

1 Errechnen Sie grob, wie viel Folie Ihr Budget zulässt und welche Teichgröße sich daraus ergibt (*siehe Seite 35*). Den Teichumriss markieren – mit einem Gartenschlauch erhält man weich geschwungene Konturen.

2 Den gesamten Teichbereich 45 cm tief ausheben und den Aushub in einiger Entfernung vom Rand ablegen. Bei leichtem, lockerem Boden die Kanten sanft abschrägen, bei fester Erde eher senkrecht abstechen.

3 Als Nächstes heben Sie den mittleren Bereich der Teichgrube zum Teil 75 cm und zum Teil – für die Tiefwasserzone – 1 m tief aus. Dabei sollte rundum ein 30–45 cm breiter Randsockel erhalten bleiben.

Ein naturnaher Folienteich (*Fortsetzung*)

4 Da der Teichrand auf einer Ebene liegen muss, wird eventuell hier und da noch Erde aufgefüllt oder abgetragen. Das Ergebnis zuletzt mit der Wasserwaage und einem Richtscheit an sechs, sieben Stellen prüfen.

5 Kantige Steine aus der Teichgrube entfernen und diese mit speziellem Postermaterial auskleiden. Bei einem kleineren Teich tun es auch Teppichstücke oder Zeitungen, Sand kann hingegen leicht vom Rand abrutschen.

6 Die Folie mittig über die Grube breiten, in der Mitte etwas hineindrücken und fälteln, sodass sie sich an die Seiten anschmiegt. Den tiefsten Bereich mit Wasser füllen, das die Folie fixiert und auch weiter hineinzieht.

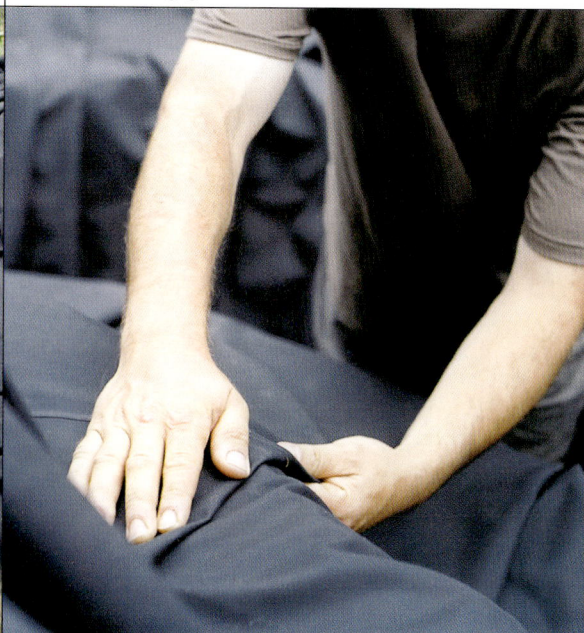

7 Zuletzt die Folie über den Sockel und oberen Rand falten bzw. vorsichtig ziehen, bis sie perfekt »sitzt«. Sie muss jetzt richtig auf dem Teichgrund aufliegen, sonst das Wasser wieder abpumpen und von vorne beginnen.

Tipps und Tricks

Cutter oder Schere sind ideal, um nach dem Füllen des Teiches die Folie bis auf einen maximal 45 cm breiten Rand abzuschneiden.

8 Den Teich zuletzt komplett mit Wasser füllen. Dabei presst dessen Gewicht die Folie seitlich an und zieht sie zugleich weiter hinein. Vermeiden Sie daher, länger auf dem Folienrand zu stehen.

Ein naturnaher Folienteich (*Fortsetzung*)

9 Bei einer Graseinfassung muss der Folienrand nur 25 cm breit sein, bei einer Steinumrandung dagegen breiter. Man kann Pflaster- und andere Steine direkt auf die Folie mauern (dabei darf kein Mörtel ins Wasser fallen).

10 Randsteine sollten etwa 5 cm, aber nicht mehr über den Teichrand ragen. So ist die Gefahr ausgeschlossen, dass sie, wenn jemand auf die Kante tritt, kippen und in den Teich fallen.

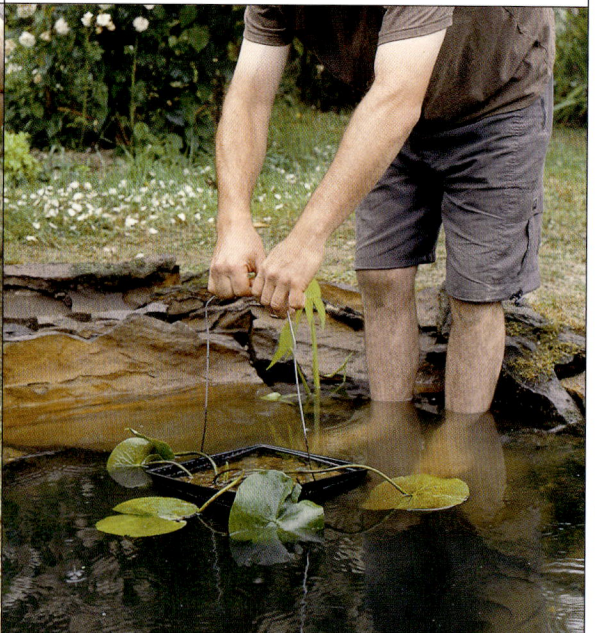

11 Falls Sie den Teichrand mit Felsen dekorieren, legen Sie zum Schutz der Folie gefaltete Plastiksäcke unter. Für ein natürliches Bild die Steine so arrangieren, dass ihre Maserung stets in derselben Richtung verläuft.

12 Bei der Begrünung als Erstes die Tiefwasserpflanzen in Teichkörben an den entsprechenden Stellen ins Wasser senken. Die jeweils empfohlene Wassertiefe bezeichnet den Abstand zwischen Substrat- und Wasseroberfläche.

13 Auf dem Randsockel die Uferpflanzen verteilen – die höheren im Hintergrund, damit die Sicht auf die Wasserfläche frei bleibt. Mit Pflanzengruppen in lockeren Abständen erzielt man einen natürlichen Eindruck.

Ein blühender Sumpfgarten

Auch auf einem trockenen Grundstück gedeihen in einem Sumpfgarten neben dem Teich bunt gemischte Primeln, Iris und Kallas und andere feuchtigkeitsliebende Pflanzen.

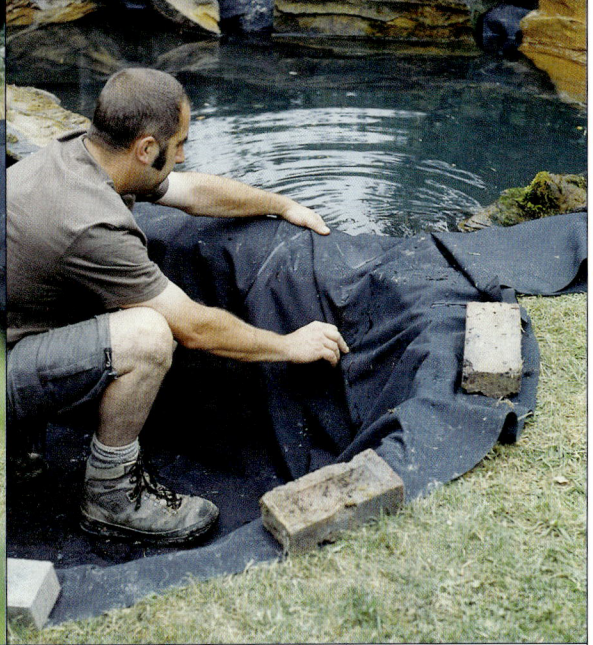

1 Einen flexiblen Gartenschlauch auf dem Grund auslegen, um die Kontur des Sumpfgartens zu markieren (besonders schön wirkt der Sumpfgarten neben einem Teich). Den Bereich mindestens 60 cm tief ausheben.

2 Die Folie wie beim Teich ausbreiten (*siehe Seite 74*), aber nicht mithilfe des Wassers, sondern mit den Händen in die Grube einpassen. Den Rand dabei am besten mit Ziegeln beschweren, die Sie nach Bedarf versetzen.

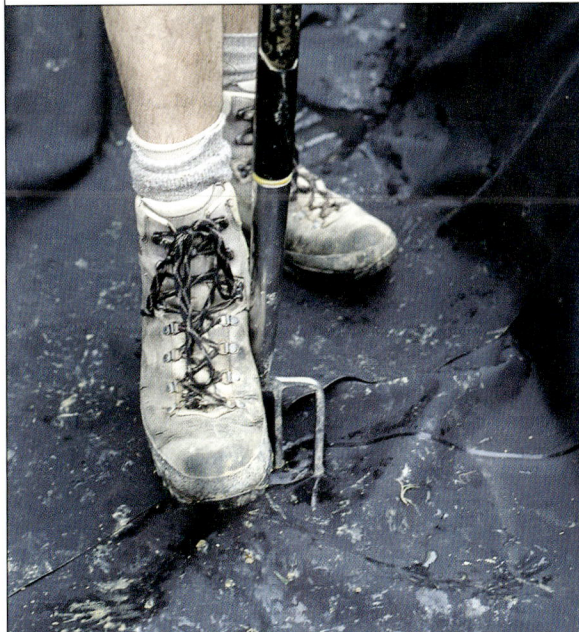

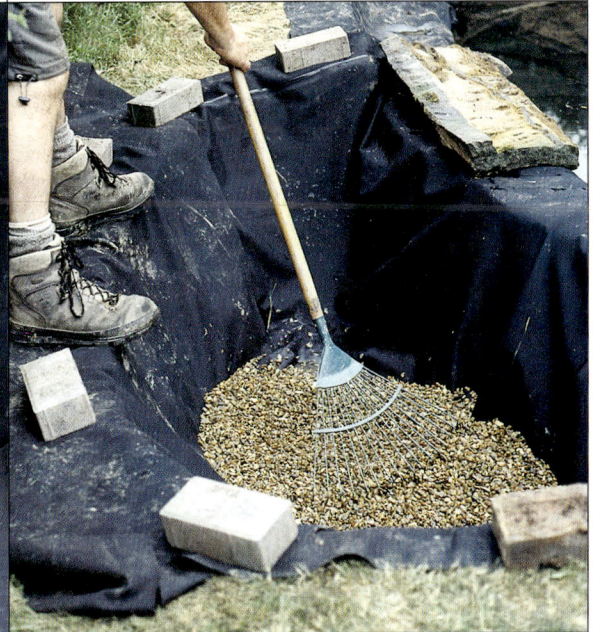

3 Damit die Pflanzen in einem Sumpfgarten gut gedeihen, braucht er eine Drainage, sonst bildet sich Staunässe und der Boden versauert. Daher wird die Folie nur am Grund mehrmals mit einer Gabel eingestochen.

4 Nun zunächst 8 cm hoch Kies in der Grube verteilen, damit die Erde die Abzugslöcher später nicht verstopft. Darüber kommt eine Lage gut verrotteter Kompost, bevor Sie zuletzt gute Gartenerde einfüllen.

Ein blühender Sumpfgarten (*Fortsetzung*)

Tipps und Tricks

Ein perforierter und am Ende verschlossener, in das Sumpfbeet eingegrabener Gartenschlauch ist ideal zum Bewässern.

5 Folienüberschuss abschneiden und den Rand mit Erde, Rasen oder Steinen abdecken. Da im Sumpfgarten einiges an Wasser verdunstet, muss er ab und zu bewässert werden. (Regenwasser hält er aber erstaunlich lange.)

6 Einen ringförmig in die Erde eingegrabenen Sickerschlauch an einen Wasserhahn anschließen. Vor dem Einsetzen der Pflanzen das Beet gründlich bewässern, bis die Erdoberfläche ziemlich feucht ist.

7 Die gewählten Pflanzen auf der Fläche anordnen, dabei ihre endgültige Größe bedenken. Wenn Ihnen das Ganze zusagt, entsprechende Pflanzlöcher graben. Die Pflanzen aus den Töpfen holen und die Wurzeln ausbreiten.

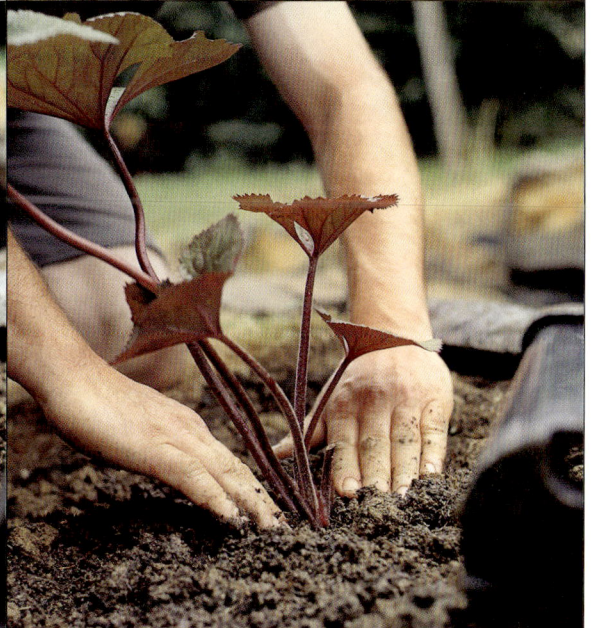

8 So pflanzen, dass der Wurzelhals knapp aus der Erde ragt, die Sie zuletzt fest andrücken. Pflanzen wie diese *Ligularia* eignen sich für einen Platz mit leichtem Wind– so sieht man die schöne Färbung der Blattunterseiten.

Einen Fertigteich installieren

Recht einfach lässt sich ein vorgefertigtes Teichbecken einbauen. Es muss eine für die geplanten Pflanzen ausreichende Tiefe haben. Den Innensockel hinten platzieren, um den Blick auf das Wasser frei zu halten.

1 Das Teichbecken am Standort aufstellen und mit Stäben in engeren Abständen den Umriss abstecken. Das Becken vorsichtig entfernen und um die Stäbe eine Schnur führen – nun ist die Teichkontur genau markiert.

2 Den markierten Bereich ringsum 15 cm breiter und etwas tiefer als das Becken ausheben, alle größeren Steine und Wurzeln entfernen. Den Aushub aufbewahren und an anderer Stelle im Garten verwenden.

3 Der Boden rings um den Teich muss absolut eben sein, was man an mehreren Stellen mit Richtscheit und Wasserwaage prüft. Bei Schräglage des Teichs würde die Wasser- nicht der Uferlinie folgen – ein unschönes Bild.

4 Den Grubengrund mit weichem Sand, Zeitungen oder altem Teppichmaterial füllen, bis der Rand des Beckens glatt mit der Bodenkante abschließt. Das Füllmaterial gut verdichten, damit das gefüllte Becken stabil steht.

Einen Fertigteich installieren (*Fortsetzung*)

5 Das Becken in die Grube setzen und mit Wasserwaage und Richtscheit waagerecht ausrichten. Eventuell muss man es mehrmals herausheben, um den Untergrund immer wieder zu korrigieren, bis das Ergebnis stimmt.

6 Nun das Becken zu drei Vierteln füllen – im besten Fall mit Regenwasser. Man kann auch Leitungswasser nehmen, muss dann aber, wenn man Fische in den Teich einsetzen will, damit eine Woche warten.

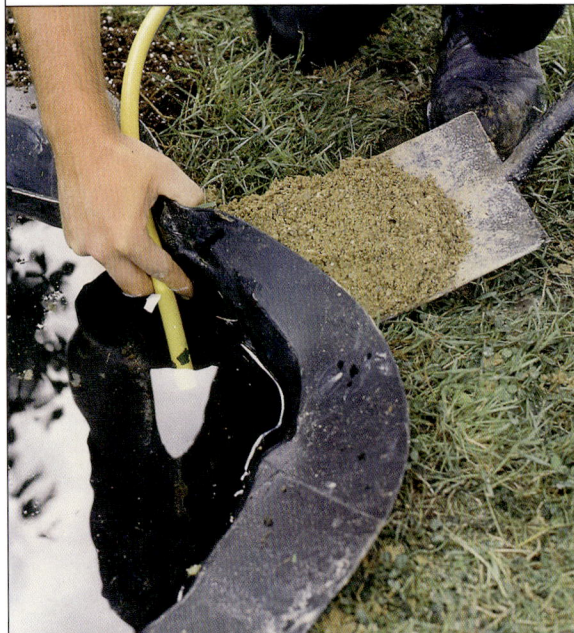

7 Die Teichwände rundum mit Sand oder Erde hinterfüllen (je trockener das Material, desto einfacher die Arbeit). Wenn das Becken schließlich ganz fest in der Erde sitzt, bis 10 cm unter dem Rand Wasser einfüllen.

8 Als Einfassung kann man Steine aufmauern (dabei darf kein Mörtel ins Wasser fallen) oder aber in der umgebenden Erde fest einbetten (in dem Fall dürfen sie kaum vorkragen, sonst könnten sie in den Teich kippen).

Tipps und Tricks

Neue Pflanzen immer erst auf Krankheiten untersuchen. Abgestorbenes Laub und Schädlinge wie Schnecken entfernen.

9 Die Pflanzen an den für sie passenden Stellen – also in der Tiefwasserzone bzw. Uferpflanzen auf dem Randsockel und höhere Arten im Hintergrund – platzieren. Die Erde in den Pflanzkörben mit Kieseln abdecken.

Ein Bachlauf mit Wasserfall

Auf einem Grundstück mit Gefälle bietet es sich fast an, einen Bachlauf zu realisieren, der sich über einen Wasserfall in einen Teich ergießt (zum Anlegen eines Teiches *siehe Seite 72–77* und *82–85*).

Tipps und Tricks

Indem man die Folie mit Steinen und Kies bedeckt, ergibt sich eine natürliche Optik. Pflanzen, die das Ufer säumen, schaffen einen weichen Übergang.

1 Mit Stöcken den Verlauf des Baches und den Umriss des Quellbeckens (*siehe Seite 41*) abstecken. Entsprechend einen Graben und die Grube für das Becken – nach hinten abgeschrägt – ausheben.

2 Graben und Grube ausmessen, um den Bedarf an Butylfolie zu ermitteln. Dabei auch die Tiefe und reichlich Zuschlag für die beiden Bachufer berücksichtigen. Ein Folienende über den Rand des unteren Teiches legen.

3 An der Mündung des Baches einen großen Stein auf den Randsockel oder Boden des Teichs setzen. Falls der Stein nicht plan aufliegt, den Teich leeren und den Stein in ein Mörtelbett unterhalb der Folie setzen.

4 Zur Stabilisierung des Steins zähe Mörtelmasse zwischen Folie und Ufer füllen. Dazu die Folie über dem Stein aufrollen und durch Mörtel zwischen Folie und Bachbett sicher fixieren. Es darf kein Mörtel ins Wasser fallen.

Bachlauf mit Wasserfall (*Fortsetzung*)

5 Folie wieder entrollen. Einen großen Stein so auf den Fundamentstein setzen, dass er zum Teich hin leicht übersteht, und aufmauern. Zuvor testen, ob das Wasser schön über den Überlaufstein strömt (*siehe Foto*).

6 Steine beidseits des Überlaufs aufschichten, bis sie diesen überragen – so entsteht ein Kanal für das austretende Wasser. Wieder testen, dann die unteren Steine auf die Folie und die übrigen Steine aufzementieren.

7 Damit kein Wasser unter dem Überlauf durchsickert, die Folie bis zu dessen Oberkante hochziehen und einmal umlegen. Dahinter einen zweiten Stein platzieren. Die Folienfalte zwischen den beiden Steinen einzementieren.

8 Die Folie entlang dem Bachbett entrollen und das Ende im Quellbecken auslegen. Dort am Wasseraustritt wie zuvor einen Überlauf bauen. Entlang dem Ufer von Bach und Becken weitere Steine einzementieren.

9 Im Teich eine Tauchpumpe installieren. Die Rohrleitung zum Quellbecken entlang einem der Bachufer eingraben und dort, wo sie ins Becken mündet, mit einem Stein abdecken. Die Pumpe einschalten.

Pflanzideen

Wasser- und feuchtigkeitsliebende Pflanzen beleben einen Teich, ein Wasserelement oder einen Sumpfgarten, indem sie Farben, Formen und Strukturen ins Bild bringen. In diesem Kapitel finden Sie Vorschläge für ihre optimale Inszenierung. Dabei geben Ihnen die nachfolgenden Symbole Hinweise zu den Standortansprüchen der jeweiligen Pflanzen bzw. ihrer besonderen Qualität.

Erklärung der Symbole

     Ausgezeichnet mit dem Award of Garden Merit der Royal Horticultural Society

Bevorzugte Lichtverhältnisse, Lage

     Volle Sonne

     Halbschatten

     Verträgt Schatten

Frosthärte

     Vollständig winterhart

     In milden Gegenden bzw. in geschützter Lage winterhart

     Winterschutz erforderlich

     Frostempfindlich

Naturnaher Teich für Pflanzenliebhaber

Damit der Teich dem Attribut »naturnah« auch gerecht wird, muss die Bepflanzung entsprechend natürlich und
abwechslungsreich ausfallen. Pflanzenliebhaber können also richtig schwel-
gen. Etwas Zurückhaltung ist dennoch
geboten, denn das Wasser selbst sollte
stets den eigentlichen Fokus bilden. Als
integraler Bestandteil eines Gartens kann
ein naturnaher Teich dazu dienen, einen
Steingarten, eine Mauer, eine Gehölz-
partie oder auch eine Staudenrabatte
wirkungsvoll in Szene zu setzen.

Voraussetzungen

Größe 3 x 3 m

Eignung Für jeden Garten

Erde Möglichst neutral bis sauer

Lage Voll sonnig oder leicht schattig

Einkaufsliste

- 3 x *Iris ensata*
- 1 x *Miscanthus sinensis* 'Silberfeder'
- 1 x *Nymphaea* 'Escarboucle'
- 3 x *Veronica beccabunga*
- 7 x *Myosotis scorpioides*
- 3 x *Alchemilla mollis*

Pflanzung und Pflege

Das Gros der Pflanzen wird im Hintergrund des Teichs platziert. Falls Sie einen
Sumpfgarten angelegt haben, dann können Sie aus einer Fülle feuchtigkeitsliebender Pflanzen auswählen. Andernfalls
nehmen Sie Pflanzen, die es trockener
mögen, wie den grünlich gelb blühenden Frauenmantel *Alchemilla mollis*.
Feuchtigkeitsliebende Pflanzen haben in
der Regel feingliedrige, saftig grüne oder
grasartige Blätter, und jede Staude mit
ähnlichem Laub sieht gut dazu aus.

In jedem Fall sollten die Pflanzen in der
Größe zueinander passen. Regelmäßig im
Frühjahr die Wasserpflanzen und Rand-
bepflanzung düngen. Abgestorbene
Blätter und Triebe im Herbst entfernen.

Iris ensata
❄ ❄ ☼

Miscanthus sinensis 'Silberfeder'
❄ ❄ ❄ ☼ ☼ ☽ ♛

mphaea 'Escarboucle'
✿ ✿ ☼ ♈

Veronica beccabunga
✿ ✿ ✿ ☼

Myosotis scorpioides
✿ ✿ ✿ ☼ ◑

Klassisches Wasserelement

Ein kleines Eck kann gut für ein dekoratives Element genutzt werden. Da der Wasserspeier sich im Halbschatten befindet, ist er hauptsächlich von Farnen (*Asplenium* und *Dryopteris*) und Funkien (*Hosta*) eingerahmt. Zwischen beiden ergeben sich interessante Kontraste, hier und da sorgt panaschiertes Laub für extra Farbe. Sofern der Platz auch nur für ein Drittel des Tages Sonne abbekommt, reicht das der Sumpf-Schwertlilie: Sie steuert ein starkes vertikales Element bei, und das Blau ihrer Blüten fügt sich gut ins Bild ein.

Voraussetzungen

Größe 2x2 m – die Pflanzen können auch in Gefäßen gezogen werden

Eignung Für einen Terrassenrand oder eine Problemecke

Erde Guter, neutraler bis saurer Lehm

Lage Halbschattig

Einkaufsliste

- 2 x *Dryopteris filix-mas*
- 1 x *Hosta fortunei 'Aureomarginata'*
- 1 x *Hosta* 'Gold Standard'
- 1 x *Hosta plantaginea*
- 1 x *Asplenium scolopendrium*
- 1 x *Iris laevigata*

Pflanzung und Pflege

Beet oder Gefäße mit guter, neutraler bis saurer Lehmerde (oder Topferde auf Lehmbasis) füllen. Wo die Funkien stehen sollen, etwas gut verrotteten Stallmist einarbeiten. Farne mögen dagegen keinen allzu fruchtbaren Boden. Die *Iris* in einen Pflanzkorb in Lehm setzen. Funkien locken Schnecken an, doch hält sich der Schaden bei gut gedüngten und entsprechend kräftigen Exemplaren in Grenzen. Man kann aber auch im Frühjahr Schneckenkorn über den Wurzelhals streuen und dann dünn mulchen.

Dryopteris filix-mas

Hosta fortunei 'Aureomarginata'

Hosta 'Gold Standard'

Hosta plantaginea

Asplenium scolopendrium

Zusätzliche Pflanzempfehlung

Iris laevigata

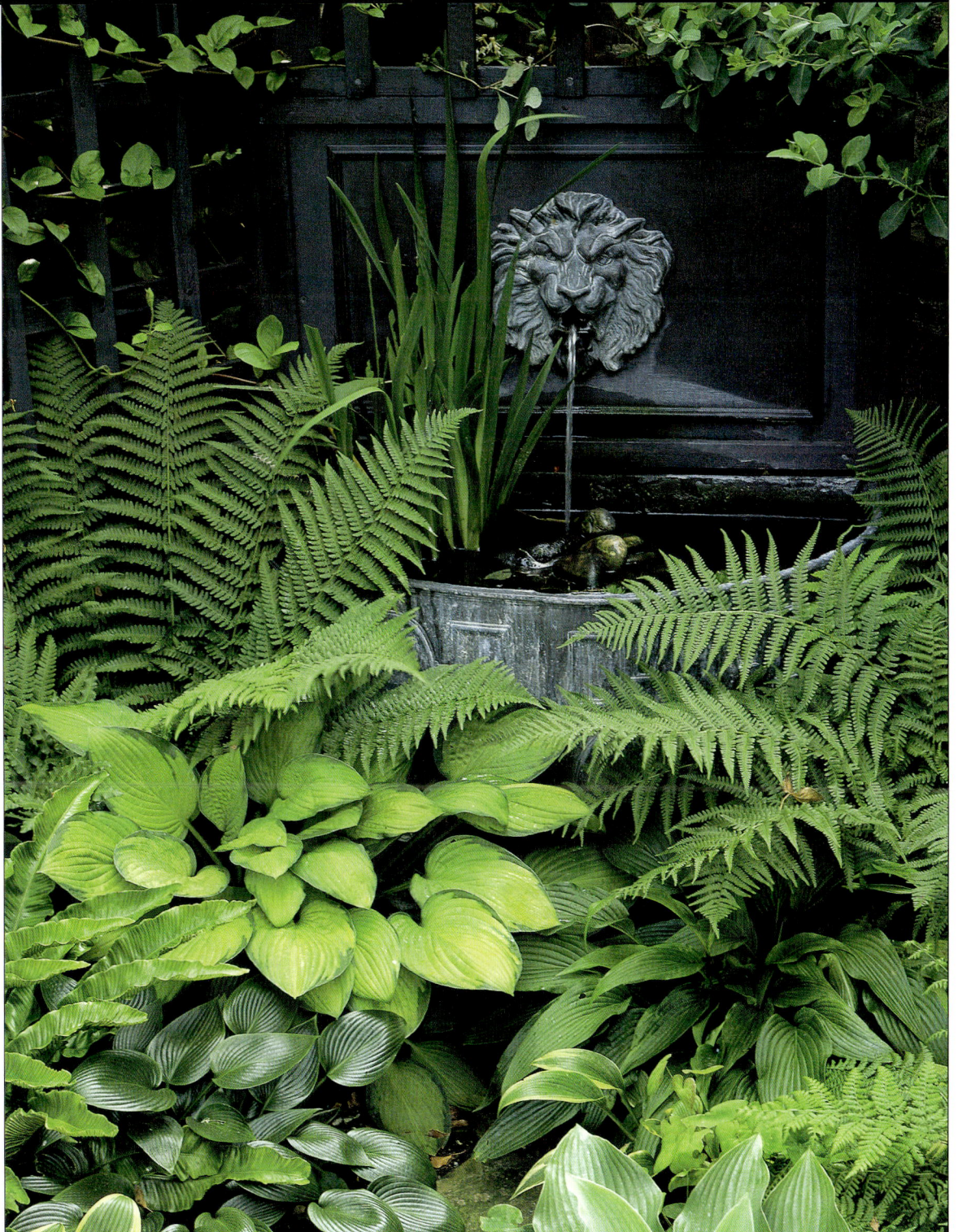

Moderner Seerosenteich

Schlichte Holzplattformen und andere moderne Elemente können in jeder Umgebung gut aussehen. Pflanzen, die sowohl vertikale als auch horizontale Akzente setzen sollten, brechen strenge Konturen auf. Da das Laub meist länger erhalten bleibt als die Blüten, sollte man Pflanzen mit kontrastierenden Blattformen wählen. Von Vorteil ist es auch, wenn sie nicht alle auf einmal blühen.

Bei Seerosen ist ihre endgültige Größe zu bedenken. Sind sie zu klein, wirken sie belanglos, zu große verdecken dagegen alsbald die gesamte Wasserfläche.

Voraussetzungen

Größe 3x4 m

Eignung Für kleine Gärten

Erde Guter Lehm

Lage Sonnig

Einkaufsliste

- 2 x *Nymphaea* 'René Gérard'
- 1 x *Nymphaea* 'Marliacea Chromatella'
- 1 x *Pontederia cordata*
- 3 x *Sagittaria sagittifolia*
- 2 x *Equisetum hyemale*
- 3 x *Ranunculus flammula*

Pflanzung und Pflege

Mitte Frühjahr die Pflanzkörbe – groß genug auch für rasanteren Wurzelwuchs – mit guter, durchlässiger Gartenerde füllen. Beim Einsetzen der Seerosen auf die richtige Wassertiefe (Abstand zwischen Wasserfläche und Oberkante, nicht etwa Basis des Korbes) achten.

Während der Saison abgestorbene Blätter und Blüten entfernen. Im nächsten Frühjahr Pflanzen, deren Korb »aus den Nähten platzt«, teilen und neu pflanzen. Seerosen sollten etwa 3 Jahre nicht gestört werden. Erst dann liefern sie größere, kräftige Rhizomabschnitte mit gut entwickelten Augen und Wurzeln.

Nymphaea 'René Gérard'
❄❄❄ ☼

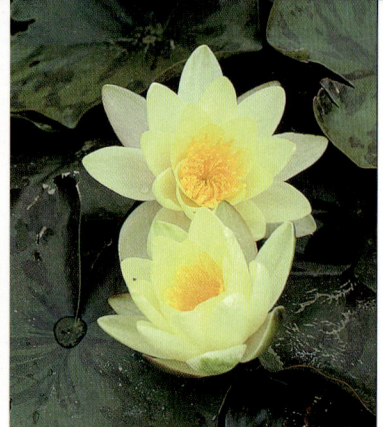

Nymphaea 'Marliacea Chromatella'
❄❄❄ ☼ ♈

Pontederia cordata
❄❄❄ ☼ ♈

Sagittaria sagittifolia
❄❄❄ ☼

Equisetum hyemale
❄❄❄ ☼

Zusätzliche Pflanzempfehlung

Ranunculus flammula
❄❄❄ ☼

Zeitgemäßes Biotop

Mit modernen Gestaltungselementen und Materialien lässt sich durchaus ein Wasserelement realisieren, das cool aussieht und dennoch von Wildtieren als Refugium angenommen wird. Jeder Teich ist im Grunde ein Biotop. Unweigerlich lockt ein Gewässer, wie es hier vorgestellt wird, verschiedenste Insekten an, die bei den am Ufer gedeihenden Pflanzen Nektar tanken, und Lurche & Konsorten, aber auch andere Spezies nutzen diese gern als Unterschlupf.

Voraussetzungen

Größe 4x5 m

Eignung Für kleine bis große Gärten

Erde Neutraler bis saurer Lehm

Lage Volle Sonne bis Halbschatten

Einkaufsliste

- 1 x *Iris pseudacorus*
- 1 x *Hosta* 'Sum and Substance'
- 2 x *Angelica archangelica*
- 5 x *Primula pulverulenta*
- 3 x *Lychnis flos-cuculi*
- 1 x *Aponogeton distachyos*

Pflanzung und Pflege

Die hier versammelten Pflanzen sind alle feuchtigkeitsliebend, doch brauchen sie einen gut durchlässigen Boden. Zumeist blühen sie im späten Frühjahr und Frühsommer. Sowohl die *Iris* als auch die Kuckucks-Lichtnelken (*Lychnis flos-cuculi*) müssen von welken Blüten befreit werden, da sie sonst durch Selbstaussaat binnen weniger Jahre überhand nehmen. *Angelica archangelica* stirbt nach der Blüte ab. Man sollte daher ihre Samen sammeln, um sie im folgenden Frühjahr auszusäen (die neuen Pflanzen blühen dann im übernächsten Jahr, denn diese Engelwurz ist zweijährig, bringt also im ersten Jahr nur Laub hervor). Die Primeln lassen sich teilen, aber die Vermehrung aus Samen (im Spätwinter in Schalen unter Glas) ist ergiebiger.

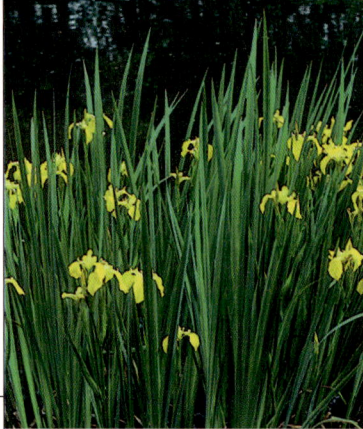

Iris pseudacorus
❄❄❄ ☼ ◑ ♆

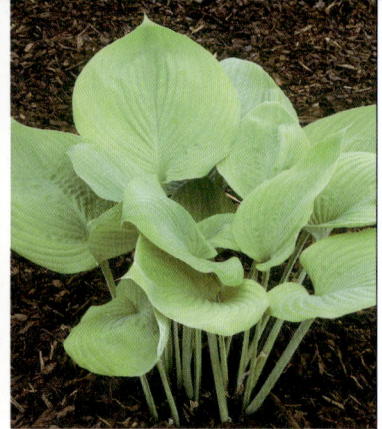

Hosta 'Sum and Substance'
❄❄❄ ◊ ☼ ♆

Angelica archangelica
❄❄❄ ◊ ☼ ◑

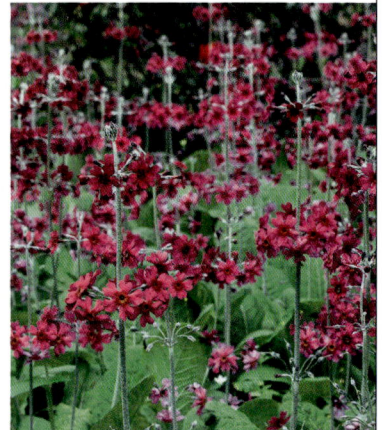

Primula pulverulenta
❄❄ ☼ ♆

Lychnis flos-cuculi
❄❄❄ ◊ ○ ☼ ◑

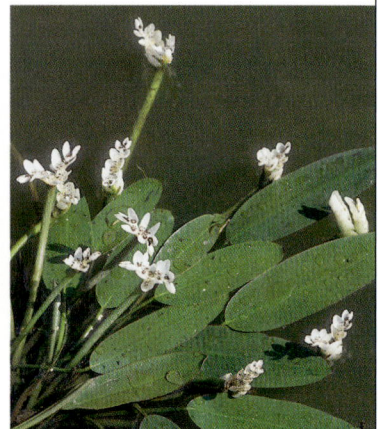

Aponogeton distachyos
❄❄❄ ☼ ◑ ◐

Fernöstliche Einflüsse

Bei Wasseranlagen wird gern auf fernöstliche Gestaltungselemente zurückgegriffen – hier erzeugen ein Zaun aus Bambus, die Form und Position des Holzstegs und die Trittsteine eine ganz charakteristische Atmosphäre. Die von Gräsern beherrschte Bepflanzung wird durch die mächtigen Blätter einer *Gunnera* und rundliches Seerosenlaub aufgelockert.

Voraussetzungen

Größe 4x5m

Eignung Für kleine bis mittelgroße Gärten

Erde Gute, fruchtbare Lehmerde

Lage Geschützt, volle Sonne

Einkaufsliste

- 3 x *Cyperus involucratus*
- 1 x *Gunnera manicata*
- 2 x *Nymphaea* 'James Brydon'
- 1 x *Lythrum salicaria*
- 3 x *Phragmites australis* oder *Butomus umbellatus*

Pflanzung und Pflege

Die eigentliche Teichbepflanzung ist sehr schlicht gehalten. Sie soll das Licht etwas abschirmen, um übermäßigen Algenwuchs zu unterdrücken, sich optisch aber nicht zu stark aufdrängen. Daher fiel die Wahl auf die kleine Seerose *Nymphaea* 'James Brydon', zumal sich das dunkle Rosa ihrer gefüllten Blüten perfekt in das Gesamtschema einfügt. Damit die Wasserfläche weitgehend frei bleibt, sodass sich die Gräser in ihr spiegeln können, muss man die Seerosen in ihre Schranken weisen. Auch *Phragmites australis* würde bald den ganzen Teich vereinnahmen und sollte daher in einem Behälter gezogen werden. *Lythrum salicaria* von welken Blüten befreien und abgestorbene Blätter und Triebe entfernen, bevor sie ins Wasser fallen. Das Zypergras (*Cyperus*) braucht über Winter einen frostfreien Platz.

Cyperus involucratus

Gunnera manicata

Nymphaea 'James Brydon'

Lythrum salicaria

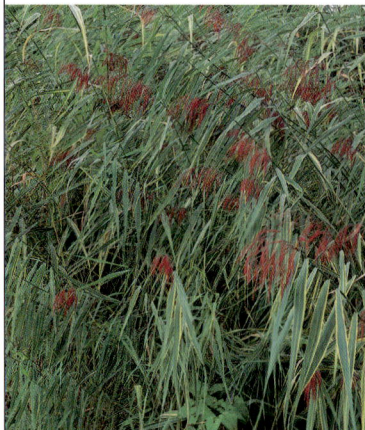

Phragmites australis

Zusätzliche Pflanzenempfehlung

Butomus umbellatus

Eleganter Fischteich

Viele Gartenbesitzer wünschen sich einen Teich, weil sie gerne die Bewegungen und das Farbenspiel von Fischen beobachten möchten. Zwar verschmutzen Fische mit ihren Ausscheidungen das Wasser, doch lässt sich dieser Negativeffekt durch wuchskräftige Pflanzen, die viele Nährstoffe verbrauchen, ausgleichen. Hier werden *Typha*, *Sagittaria* und *Alisma* als wirksame »Reinigungskräfte« eingesetzt. Zudem sollte man Fische natürlich nicht überfüttern.

Voraussetzungen

Größe 3x4 m

Eignung Für kleine bis mittelgroße Gärten

Erde Guter natürlicher Lehmboden

Lage Volle Sonne

Einkaufsliste

- 1 x *Typha latifolia*
- 1 x *Ligularia stenocephala* 'The Rocket'
- 1 x *Ligularia dentata* 'Desdemona'
- 3 x *Sagittaria sagittifolia*
- 1 x *Alisma plantago-aquatica*
- 1 x *Darmera peltata*

Pflanzung und Pflege

Die Wasserpflanzen in Teichkörben ziehen, die gefüllt sind mit guter, leicht lehmhaltiger Gartenerde. Falls Sie Koi-Karpfen halten wollen, bedenken Sie, dass diese Fische im Wasser befindliche Pflanzenteile komplett oder wenigstens zum Großteil fressen. Als Gegenmaßnahme kann man die Pflanzen mit plastikummanteltem Maschendraht schützen, der vom Teichgrund bis kurz unter die Wasseroberfläche reichen sollte. Rings um den Teich werden feuchtigkeitsliebende Pflanzen platziert, die das Thema fortführen. Um den Boden entsprechend feucht zu halten, vor dem Pflanzen großzügig gut verrotteten Kompost oder Stallmist untergraben, die Partien reichlich wässern und in jedem Frühjahr mit Kompost mulchen.

Typha latifolia
❋❋❋ ☼

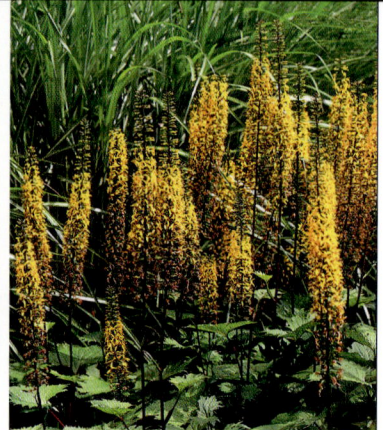

Ligularia stenocephala 'The Rocket'
❋❋❋ ☼ ☽ ♔ ♆

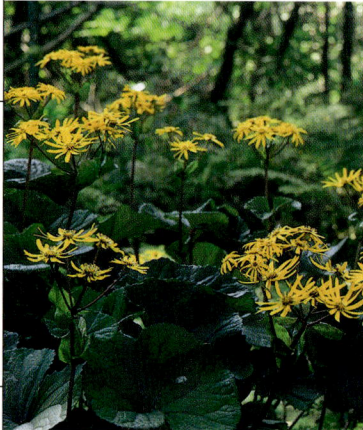

Ligularia dentata 'Desdemona'
❋❋❋ ☼ ☽ ♆

Sagittaria sagittifolia
❋❋❋ ☼

Alisma plantago-aquatica
❋❋❋ ☼ ☽

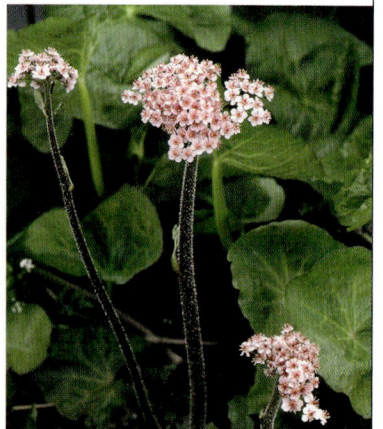

Darmera peltata
❋❋❋ ☼ ☽ ♆

Farbenfrohe Containergärten

Falls Sie keinen Platz für einen Teich haben oder ein Wasserelement für die Terrasse wünschen, dann könnte dies die Lösung sein. Die Vorteile: Man sieht mehr von den Pflanzen, als wenn sie in einem Teich wachsen würden, man kann Fässer oder andere Pflanzgefäße bei Bedarf mühelos umstellen, und die Pflanzen lassen sich zur Geltung bringen, wie es in einem Teich wohl schwierig wäre. So wirken Trollblumen (*Trollius*) am schönsten in einer Position, in der ihre Blüten von der Abendsonne beschienen werden.

Voraussetzungen

Größe Pflanzgefäße (Größe nach Wunsch)

Eignung Für kleine Gärten und Terrassen

Erde Gute Lehmerde

Lage Sonne, teils auch Halbschatten

Einkaufsliste

- 2 x *Iris sibirica* 'Perry's Blue'
- 3 x *Trollius chinensis*
- 3 x *Schoenoplectus lacustris* subsp. *tabernaemontani* 'Albescens'
- 3 x *Trollius* x *cultorum*

Pflanzung und Pflege

Die Pflanzgefäße auf Dichtigkeit überprüfen und eventuell mit Folie ausschlagen. Teichkörbe mit guter, lehmhaltiger Erde füllen und die Pflanzen hineinsetzen. In Körben lassen sie sich leichter in den Gefäßen platzieren und später zum Teilen wieder herausnehmen. Eine Kiesabdeckung auf dem Substrat verhindert, dass die Erde ausgeschwemmt wird, wenn man die Körbe bewegt. Verdunstetes bzw. von den Pflanzen verbrauchtes Wasser regelmäßig ergänzen. Die Pflanzen brauchen während der Wachstumsperiode sehr wenig Pflege. Nach der Blüte kann man sie durch andere ersetzen, die später blühen. In Fässern und anderen Gefäßen gehaltene Pflanzen bekommen Winterfröste stärker zu spüren und brauchen daher etwas Schutz.

Iris sibirica 'Perry's Blue'
❄❄ ☼

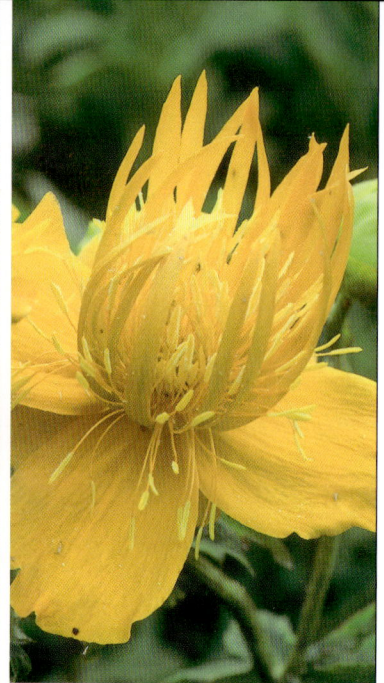

Trollius chinensis
❄❄❄ ☼ ◐

Schoenoplectus lacustris subsp. *tabernaemontani* 'Albescens' ❄❄ ☼

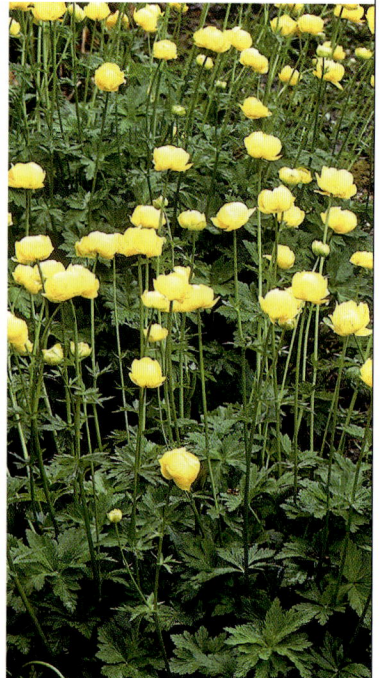

Trollius x *cultorum*
❄❄❄ ☼ ◐

Teichpflege

Ohne regelmäßige Pflege kann sich die Freude an einem Teich oder Wasserelement schnell trüben – im wahrsten Sinne des Wortes. Hier erfahren Sie, wie Sie das Wasser klar und algenfrei halten. Außerdem ist auf den folgenden Seiten beschrieben, wie man gegen Unkräuter und Schädlinge vorgehen kann und welche jahreszeitlich wechselnden Routinearbeiten Sie erwarten. Darüber hinaus erhalten Sie detaillierte Informationen zur Auswahl und Haltung von Fischen sowie Tipps, wie man Teiche und andere Wasserelemente sicher machen kann.

Teichhygiene und Algenbekämpfung

Algen können bei heißem, sonnigem Wetter rasant wachsen und einen Teich rasch in eine grüne oder braune Brühe verwandeln. Eventuell muss man mehrere Maßnahmen parallel ergreifen, um das Wasser klar zu halten und Algenwuchs einzudämmen.

Schwimmendes Gerstenstroh

Das preiswerte und umweltfreundliche Mittel entzieht dem Wasser Stickstoff, sodass die Algen »verhungern«. Anfang Frühjahr gibt man ein, zwei durchlässige Kunststoffsäcke (ein 25-kg-Sack mit Stroh reicht für ca. 20000 l) in den Teich. Man kann sie einfach treiben lassen oder dicht unter der Wasserfläche fixieren (im besten Fall nahe einem Springbrunnen oder Wasserfall, da Sauerstoff die Zersetzung des Strohs beschleunigt). Wenn sich das Stroh schwarz verfärbt hat, wird es erneuert.

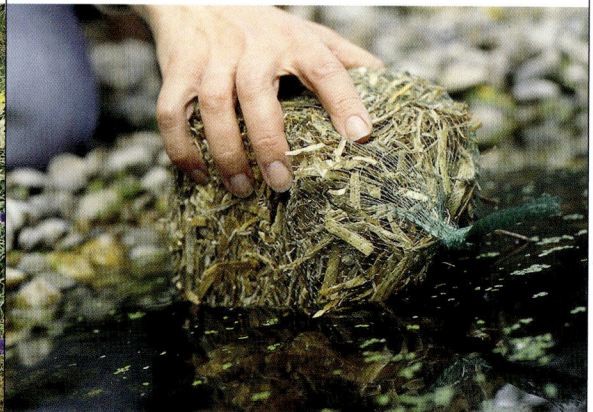

Teichfilter

Mechanische Filteranlagen nehmen feste Bestandteile aus dem Wasser auf, ihr Filter muss regelmäßig herausgenommen und gereinigt werden. Dagegen arbeiten biologische Systeme mit Bakterien, die organische Substanzen abbauen. Es kann etwas dauern, bis sich die Bakterien ausreichend vermehrt haben und ihr Effekt spürbar wird, und der Filter muss, da er sich nach einer Weile zusetzt, in Abständen gesäubert werden. Besser lässt sich Algenwuchs auf Dauer bekämpfen, wenn man ein solches System mit einem UVC-Vorklärgerät kombiniert.

Spezialmittel

Im Handel finden sich zahlreiche Spezialprodukte mit durchschlagender Wirkung. Bei ihrem Einsatz muss man jedoch die Herstelleranweisungen genau beachten und zur exakten Dosierung das Volumen des Teiches kennen. Bei vielen Algiziden handelt es sich um Chemikalien auf Kupferbasis, die dem Wasser Sauerstoff entziehen. Dies schädigt nicht nur Fische, sondern bringt bei hoher Dosierung auch manche Pflanzen zum Absterben. Ein weiterer Nachteil: Die toten Algen verbleiben im Wasser und bei ihrer Zersetzung entstehen toxische Substanzen.

Sauerstoff bildende Unterwasserpflanzen

Während der Wachstumsperiode geben solche Pflanzen Sauerstoff, den sie unter Sonneneinstrahlung bilden, ans Wasser ab. Auch tragen sie zu sauberem, klarem Wasser bei, indem sie Algen die Nährstoffe streitig machen und deren Entwicklung so hemmen. Zumeist sterben diese Stauden im Winter allerdings ab, und wie alle Pflanzen produzieren sie nachts Kohlendioxid, weshalb man ihren Wuchs eindämmen muss. Denken Sie jedoch daran, dass diese Pflanzen nicht nur Fischen zur Eiablage dienen, sondern auch Insektenlarven und andere Lebewesen beherbergen. Ausgelichtete Pflanzenteile daher auf Folie dicht am Ufer einen Tag lang liegen lassen, damit etwaige »Bewohner« ins Wasser zurückkehren können.

Nützliche Sauerstoffbildner

- *Callitriche* (Wasserstern)
- *Ceratophyllum demersum* (Hornblatt)
- *Hygrophila polysperma (Indischer Wasserfreund)*
- *Myriophyllum verticillatum* (Quirliges Tausendblatt)
- *Potamogeton crispus* (Krauses Laichkraut)
- *Groenlandia densa* (Dichtblättriges Laichkraut)
- *Ranunculus aquatilis*
- *Utricularia vulgaris (Wasserschlauch)*

Schwimmpflanzen als Lichtfilter

Den Lichteinfall zu mindern hilft, die Algenbildung zu bremsen. Zugleich tragen Schwimmpflanzen zur Regulierung der Wassertemperatur bei. Sie sollten jedoch nur etwa ein Drittel der Teichfläche bedecken, damit man noch die Spiegelungen auf dem Wasser genießen und eventuell vorhandene Fische beobachten kann. Neben Seerosen – meist die erste Wahl – sind auch Kap-Wasserähre (*Aponogeton distachyos*), Teichrosen (*Nuphar*) und Gewöhnliche Seekanne (*Nymphoides peltata*) zu empfehlen.

Frösche und Kröten als Nützlinge

Freuen Sie sich, wenn Frösche und Kröten aus dem Winterschlaf erwachen und ihre Eier in Ihrem Teich ablegen. Vor allem Kaulquappen machen sich sehr nützlich, indem sie dazu beitragen, den Teich frei von Algen und organischen Abfallprodukten zu halten. Nur muss man tote Kaulquappen mit einem feinen Kescher von der Wasseroberfläche abfischen. Pflegemaßnahmen bringen es oft mit sich, dass die Pflanzen gestört werden. Daher sollte man ab und zu prüfen, ob sie noch fest in ihren Körben sitzen.

Desinfizieren neuer Pflanzen

Neue Pflanzen können Algen sowie Fisch- und Pflanzenkrankheiten einschleppen. Daher sollte man sie vor dem Einsetzen prophylaktisch in einer milden Salzlösung und anschließend in frischem Wasser spülen. Alternativ eignet sich eine milde Desinfektionslösung (der Fachhandel bietet verschiedene Produkte, Gebrauchsanweisung beachten). Nur bei rein dekorativen Wasserelementen ohne Bepflanzung oder Fischbesatz kann man Desinfektionsmittel in Tabletten- oder flüssiger Form direkt ins Wasser geben.

Ökologisches Gleichgewicht – das A und O

Falls das Wasser längere Zeit grün gefärbt ist, den Lichteinfall sowie – durch regelmäßiges Entfernen von totem Laub und Einsetzen von mehr »gierigen« Pflanzen wie Seerosen und Sauerstoffbildnern – den Nährstoffgehalt des Wassers verringern. Frisches Wasser bringt nur neue Nährstoffe in den Teich. Bei kleinen Teichen, in denen es aufgrund der Verdunstung ergänzt werden muss, ist eine Klärung mit Spezialpräparaten unter Umständen unumgänglich.

Teichunkräuter und ihre Bekämpfung

Ein Teich ist im Grunde nichts anderes als ein Beet, in dem die Anteile von Erde und Wasser lediglich umgekehrt sind. Daher siedeln sich auch hier häufiger unerwünschte Pflanzen an.

Wasserlinsen eindämmen Entengrütze, wie die Wasserlinse auch heißt, gelangt als »blinder Passagier« mit neu eingesetzten Pflanzen oder aber an Vogelkrallen in Zierteiche. Man schöpft sie am besten mit einem kleinen Kescher ab und lässt sie am Ufer eine kleine Weile liegen, bevor man sie auf den Kompost gibt. Übrigens ernähren sich auch Goldfische und Karpfen von dieser Pflanze.

Lebensraum für Tiere Während die Wasserlinse durchaus ihre problematische Seite hat, bewährt sich ihr dichtes Gestrüpp andererseits als Unterschlupf für Insektenlarven, Kaulquappen und insbesondere junge Molche. Wenn man einen Kescher abgeernteter Wasserlinsen auf einen kiesigen Uferstreifen oder – bei anderem Untergrund – auf ein ausgebreitetes Stück Plastikfolie dicht neben dem Teichsaum leert, wird man eventuell in den nächsten Stunden beobachten, wie diverse »Bewohner« hervorkrabbeln und den Rückweg ins nahe Wasser antreten. Zugleich kann man bei einer solchen Säuberungsaktion verschiedene Schädlinge dingfest machen, etwa Schwimmkäfer und Gehäuseschnecken, die man bei starkem Auftreten eliminieren sollte.

Problempflanzen In neu angelegten Teichen, die noch sehr nährstoffreiches Wasser enthalten und starker Sonneneinstrahlung ausgesetzt sind, bilden Schlauchalgen häufig ein Problem. Ihre Sporen werden herbeigeweht oder durch neu eingesetzte Pflanzen eingeschleppt. Durch wiederholtes Abfischen mit einem Kescher oder mit einem kräftigen Stock oder Rechen, um den man die Algen wie Spaghetti um eine Gabel wickelt, kann man ihrer meist Herr werden, bis sich im Teich das ökologische Gleichgewicht einstellt und ihnen von selbst den Nährboden entzieht. Alternativ stehen Spezialpräparate zur Wahl, die mehrfach eingesetzt werden müssen, oder aber Stroh (möglichst das der Gerste). Die erforderliche Menge beläuft sich auf etwa 50 g/m^2 Wasseroberfläche (im Frühjahr ins Wasser geben und, wenn es nach etwa 6 Monaten schwarz und verrottet ist, erneuern; *siehe auch Seite 108*).

Zierpflanzen in Schach halten Viele der gängigen Teichpflanzen sind eigentlich Wildpflanzen, gewöhnt an die rauen Bedingungen in freier Natur. Im geschützten Ambiente eines Zierteiches geraten sie daher oft außer Rand und Band. An übermäßiger Ausbreitung hindern lassen sie sich nur, indem man sie in Pflanzkörben zieht. Ausgesprochen wuchskräftig sind Wassergräser und manche Iris-Arten. Daher sollte man diese während der Wachstumssaison besonders im Auge behalten und bei Bedarf auslichten. Seerosen, die den Rahmen eines Teiches zu sprengen drohen, lassen sich in Schach halten, indem man sie im Frühjahr zurückschneidet.

Es empfiehlt sich, Samenstände kurz vor dem Ausreifen zu entfernen. Die meisten Teichpflanzen sind große Samenproduzenten und würden, wenn man sie ließe, rasch ihre Nachbarschaft vereinnahmen. Zugleich würden dabei weniger kräftige Arten einfach verdrängt.

Die einfachste Lösung für solche Probleme besteht darin, gar nicht erst Wildpflanzen einzusetzen – es sei denn, es gäbe einen bestimmten Grund dafür. Indem Sie sich zunächst gründlich über die Eigenheiten der infrage kommenden Pflanzen informieren, finden Sie die, die für Ihren Teich am besten passen.

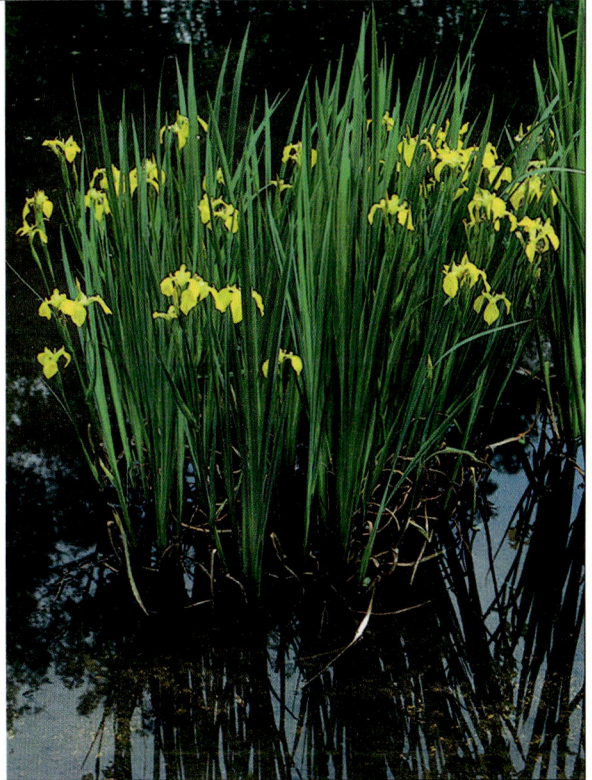

Schädliche Invasoren Manche aus anderen Breiten eingeführte Pflanzen bilden wegen ihres Drangs zum Wuchern für unsere Flora eine Bedrohung und verdienen daher keinen Platz im Garten. Das Brasilianische Tausendblatt etwa oder die Große Wassergirlande lassen sich leicht ausmerzen (danach kompostieren, keinesfalls in natürlichen Gewässern aussetzen). Extreme Invasoren sind:

- *Azolla caroliniana* (Moskito-Algenfarn)
- *Crassula hemsleyanum* (Dickblatt-Art)
- *Elodea canadensis* (Kanadische Wasserpest)
- *Hydrocotyle ranunculoides*
- *Iris pseudacorus*
- *Juncus effusus*
- *Lagarosiphon major*
- *Lythrum salicaria*
- *Myriophyllum aquaticum*

Myriophyllum aquaticum (Brasilianisches Tausendblatt)

Lagarosiphon major (Große Wassergirlande)

Hydrocotyle ranunculoides (Wassernabel-Art)

Teichschädlinge und ihre Bekämpfung

Teiche locken immer verschiedenste Wildtiere an, darunter zwangsläufig auch Schädlinge. Zum Glück für Wassergärtner hält sich die Zahl der Teichpflanzenschädlinge in Grenzen. Zudem stellen sie selten ein ernsthaftes Problem dar und lassen sich auch leicht in den Griff bekommen.

Vorbeugemaßnahmen Man kann einiges vorbeugend gegen Teichschädlinge tun. Insektizide sind, da auch für Wildtiere und etwaige Fische giftig, tabu. Aber man kann für gesunde, gepflegte und mithin widerstandsfähige Pflanzen sorgen. Daher werden krank aussehende Exemplare herausgenommen, die Wurzeln gewaschen und die Pflanzen in frischem Substrat wieder eingesetzt. Als Prophylaxe gegen die Ausbreitung von Pilzbefall konsequent abgestorbene Pflanzenteile entfernen und auch offenbar kranke Blätter und Triebe herausschneiden. Falls ein Gewächs nicht gleich wie erwartet loslegt, reißen Sie es nicht vorschnell heraus: Bei manchen Spezies wie dem Hechtkraut (*Pontederia*) setzt der Wuchs erst im Lauf der Saison so richtig ein. Um keine Schädlinge oder Krankheiten in den Teich einzuschleppen, neue Pflanzen vor dem Einsetzen in einer milden Desinfektions- oder schwachen Salzlösung waschen, danach mit frischem Wasser abspülen.

Räuber unterstützen Frösche und andere Amphibien vertilgen Insekten, Nacktschnecken und Würmer. Eine dichte Vegetation in Teichnähe kann bewirken, dass sie sich dauerhaft ansiedeln und nicht nach der Brutzeit gleich wieder verschwinden. Sorgen Sie mit ein paar sinnvoll platzierten Steinen oder dicken Aststücken für feuchte Verstecke. Auch Fische sind nicht nur attraktiv, sondern vernichten eine Menge Insekten sowie Mückenlarven.

Seerosenschädlinge Erdbeerkäfer legen im Spätfrühjahr Eier auf dem Laub von Seerosen ab. Aus ihnen schlüpfen schwarze Larven, die Fraßschäden verursachen (*oben*). Stark befallene Blätter herausschneiden, von den übrigen die Käfer und Larven mit einem Wasserschlauch herunterspritzen. Die Raupen des Seerosenzünslers schneiden aus den Blättern Stücke heraus, die sie als Versteck für sich an die Blattunterseiten kleben. Man muss sie absammeln.

Unterwasserwesen Die meisten Wasserschnecken sind harmlos und sogar nützlich, denn sie vertilgen verrottendes Laub. Zu den erwünschten Arten gehören die kleine Sumpfdeckelschnecke (*oben*) und die Posthornschnecke. Dagegen kann die Große oder Spitze Schlammschnecke Teichpflanzen erheblich schädigen. Sie lässt sich mit Salatblättern, die man auf der Wasseroberfläche auslegt, anlocken. Die Blätter einfach mit einem Kescher abfischen.

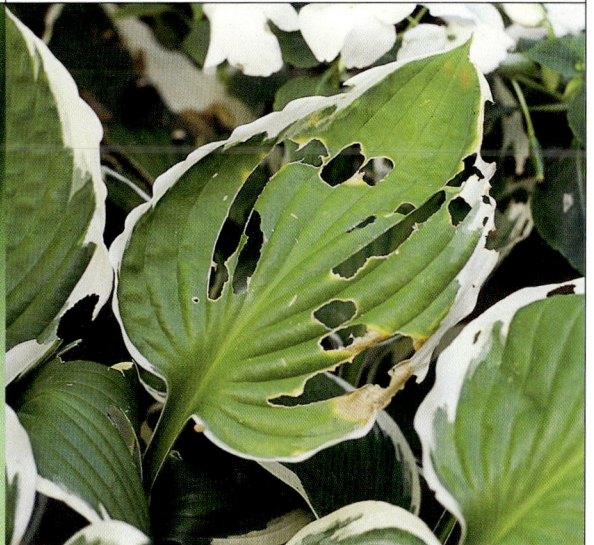

Blattläuse und Nacktschnecken Erstere können Seerosen wie auch manche Ufer- und Sumpfpflanzen schwächen. Man spült sie mit einem Wasserstrahl herunter und gleich in den Teich, wo hungrige Räuber schon warten. In einem

Sumpfgarten könnte man Insektizide versprühen, die aber nicht ins Wasser gelangen sollten. Nacktschnecken fressen an Randzonenpflanzen und werden mit Schneckenkorn, Bierfallen, Kiesmulch oder Kupferringen bekämpft.

Jahreszeitlich wechselnde Routinearbeiten

Ein liebevoll gestalteter Teich braucht genauso regelmäßige Pflege wie ein Blumenbeet. Zudem ist nach vier, fünf Jahren eine Grundüberholung fällig.

Winter

Jetzt gibt es kaum etwas zu tun. Wichtig ist vor allem, dass der Teich nie komplett zufriert. Denn bei der Zersetzung von Pflanzenmaterial entstehen Giftgase wie Methan, die entweichen müssen. Um eine Öffnung im Eis zu gewährleisten, kann man ein spezielles Heizelement einsetzen oder einfach einen alten Tennisball auf das Wasser legen. Wird dieser vom Eis eingeschlossen, befreit man ihn mit heißem Wasser. Ein solcher Ball hilft auch, in starren Teichbecken Risse zu vermeiden, indem er einen Teil des Drucks des sich ausdehnenden Eises absorbiert. Schlagen Sie das Eis niemals auf, denn die damit verbundenen Erschütterungen können für Fische tödlich sein.

Selbst bei Eiseskälte werden Fische nicht gefüttert. Sie sind jetzt auf Winterruhe eingestellt und daher arbeitet ihr Verdauungssystem nicht.

Frühjahr

Dies ist die optimale Zeit, um den Zustand der Ufer- und Teichbepflanzung zu überprüfen. Möglicherweise sind manche Uferpflanzen zu groß geworden und brauchen einen Rückschnitt, andere sollten eventuell an einen vorteilhafteren Standort umziehen. Lücken lassen sich schließen, indem man die Bestände teilt oder durch Zukäufe ergänzt.

Vergessen Sie beim Umtopfen von Uferpflanzen, die auf Wasserniveau oder knapp unterhalb der Oberfläche wachsen, nicht die Kiesabdeckung, die verhindert, dass die Erde weggeschwemmt wird. Pflanzen, die richtig tief im Wasser stehen, brauchen größere Kiesel als Abdeckung, damit gründelnde Fische sie nicht aus ihrem Gefäß lösen.

Prüfen Sie, ob alle elektrischen Einrichtungen sauber und funktionsbereit sind. Sobald kein Frost mehr droht, vor dem Winter ausgebaute Pumpen erneut installieren.

Fische erhalten nun wieder Futter, und zwar zunächst nur alle zwei, drei Tage. Wenn sich das Wasser allmählich erwärmt, erhöht man die Rationen, Etwaige Schutznetze werden entfernt, damit die Pflanzen ungehindert wachsen können.

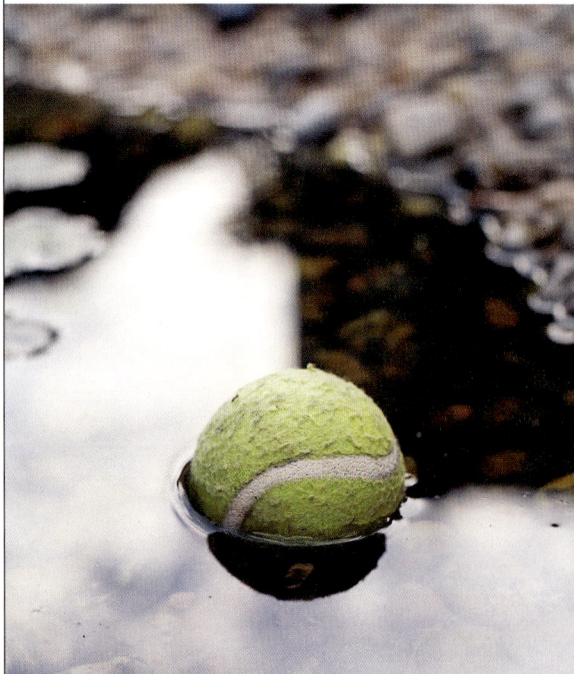

Bei Frost bewirkt ein Tennisball, dass ein Loch im Eis bleibt.

Eine Kiesschicht hält bei Teichpflanzen die Erde an ihrem Platz.

Sommer

Warme Sommertage laden dazu ein, richtig zu entspannen und sich an seinem Teich einfach nur zu erfreuen. Trotzdem fallen auch jetzt kleinere Pflegearbeiten an. Welkendes und totes Laub muss abgeschnitten werden (speziell bei Seerosen sterben die ganze Saison hindurch immer wieder Blätter ab). Außerdem sollte man stets die Augen offen halten, um Krankheiten bei Pflanzen oder Fischen rasch zu erkennen.

Bei heißem Wetter kann die Verdunstungsrate eines Gartenteiches – vor allem, wenn er einen Springbrunnen oder Wasserfall aufweist – so hoch sein, dass man fast ein Leck vermuten würde. Regulieren Sie den Wasserstand und halten Sie etwaige Reservoire stets ausreichend gefüllt. Außerdem sinkt bei Hitze der Sauerstoffgehalt des Wassers. Falls Sie beobachten, dass die Fische an der Oberfläche nach Luft schnappen, besprühen Sie diese eine Weile mit dem Wasserschlauch oder einer Gießkanne.

Sauerstoffbildner wie auch manche anderen Pflanzen wachsen im Sommer rasant, lassen sich aber bändigen, indem man übermäßigen Wuchs vorsichtig abzupft. Ein- und mehrjährige Unkräuter vor allem in der Randzone gleich bei ihrer Entdeckung entfernen.

Herbst

Am Ende der Saison wird der Teichgarten in Ordnung gebracht. Dazu gehört das Abschneiden von abgestorbenen Blättern und das Entfernen welker Blütenköpfe bei den Uferpflanzen. Sie bilden oft reichlich Samen und würden sich, wenn man sie ließe, unerwünscht ausbreiten. Spannen Sie ein Netz über den Teich, das das fallende Laub benachbarter Bäume und Sträucher weitgehend auffängt. Zugleich schützt ein solches Netz die Fische, die, nachdem jetzt die Pflanzen fehlen, dem wachen Blick von Reihern kaum entgehen dürften.

Verringern Sie die Futtergaben für die Fische und stellen Sie sie mit dem ersten Frost ganz ein. Als Unterschlupf für die Tiere legen Sie eine etwa 60 cm lange Tonröhre auf den Teichgrund.

Bauliche Elemente wie Stege und Holzplattformen, Zierbrücken und Mauern werden sorgsam inspiziert. Hat sich irgendwo der Boden gesenkt? Sind Risse, Absplitterungen oder Rost zu sehen? Alle Schäden werden gleich behoben, da sie sich über den Winter nur verschlimmern würden.

Im Sommer regelmäßig welkes und abgestorbenes Laub entfernen.

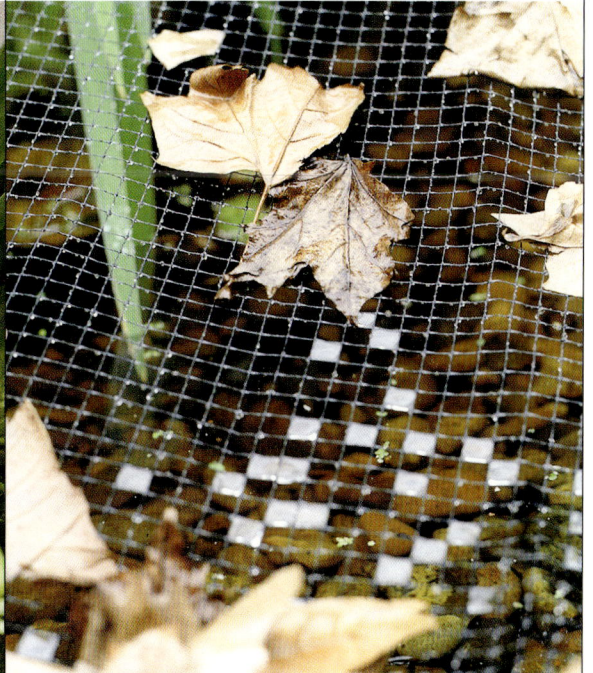

Ein Netz über dem Teich hält fallendes Herbstlaub ab.

Teichpflanzen teilen

Viele Wasserpflanzen sind sehr wuchskräftig und lassen sich durch Teilung gut
vermehren. Durchgeführt wird diese
Arbeit im Frühjahr, wenn die Pflanzen
gerade neu austreiben.

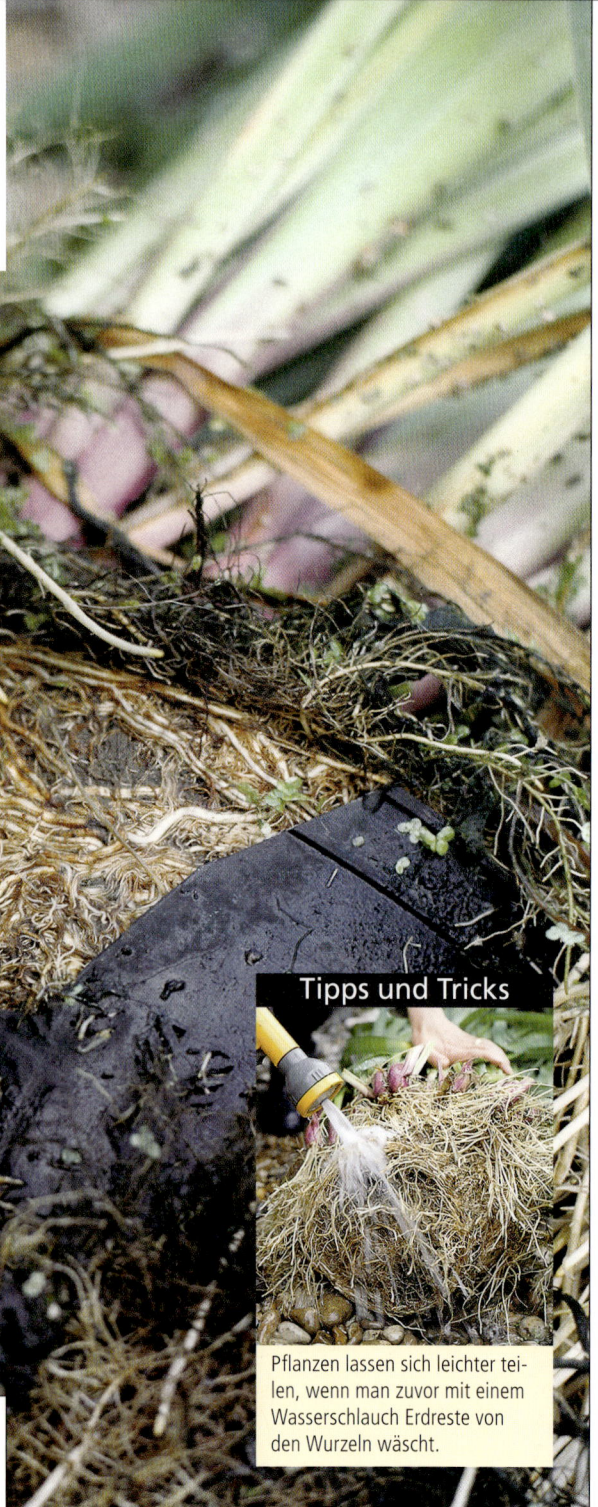

Tipps und Tricks

Pflanzen lassen sich leichter teilen, wenn man zuvor mit einem
Wasserschlauch Erdreste von
den Wurzeln wäscht.

1 Man hebt die gewählten Pflanzen aus dem Wasser und
löst sie aus ihrem Korb. Bei gut eingewurzelten, älteren
Exemplaren muss man den Pflanzkorb unter Umständen
auseinander schneiden.

2 Beim Teilen des Ballens in handliche Stücke helfen eventuell zwei Gartengabeln, die man Rücken an Rücken hineinsticht. Falls Sie Wurzelgewirr auseinander schneiden müssen, gehen Sie möglichst schonend vor.

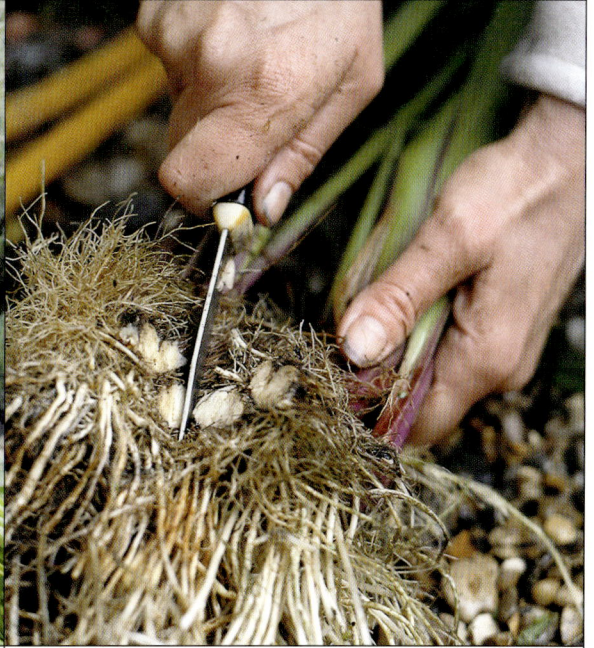

3 Mit einem scharfen Messer von der eigentlichen Wurzel bzw. dem Rhizom nicht zu kleine Stücke abtrennen. Dabei die Stücke so vorsichtig auseinander ziehen, dass möglichst viele feine Wurzeln erhalten bleiben.

4 Laub und Triebe auf etwa ein Drittel der ursprünglichen Länge einkürzen. Dies begünstigt die Bildung neuer, gesunder Wurzeln und damit die Entwicklung von kräftigem Nachwuchs für die kommende Saison.

5 Die besten Teilstücke in Körbe mit guter Erde setzen – der Wurzelhals ragt knapp aus dem Substrat. Steine als Abdeckung verhindern, dass Fische die Erde aufwühlen. Die Pflanze wieder in den Teich einsetzen.

Fischhaltung im Zierteich

Fische beleben einen Zierteich und bald schon reagieren sie auf ihren »Pfleger« – vor allem bei der Fütterung. Man setzt sie im Spätfrühjahr ins bereits warme Wasser ein.

Erforderliche Teichgröße

Eine Faustregel fordert »30x30 cm Wasserfläche pro 2,5 cm Fisch«. Damit haben Sie einen Anhaltspunkt, um die mögliche Besatzdichte zu errechnen, wobei Sie unbedingt die Größe der ausgewachsenen Fische zugrunde legen müssen. Springbrunnen und Wasserfälle bringen zwar extra Sauerstoff in den Teich, trotzdem darf man ihn nicht überbesetzen.

Der Teich muss nicht nur eine entsprechende Oberfläche aufweisen, um die Fische mit ausreichend Sauerstoff zu versorgen, sondern auch eine mindestens 75–100 cm tiefe Zone, die den Tieren im zugefrorenen Teich eine Möglichkeit zum Rückzug bietet. Für Kois muss dieser Bereich 1,2 m tief sein.

Errechnen Sie vor dem Fischkauf die Aufnahmekapazität des Teiches.

Auswahl der passenden Fische

Normale Goldfische sind wohl die beste Wahl für einen Zierteich. Wählen Sie Exemplare von kleinem, kompaktem Wuchs, die sich lebhaft bewegen. Vorsicht ist geboten bei Fischen, die lethargisch wirken oder bei denen Sie eingerissene Flossen, blutrote Flecken, kleine weiße Punkte, wattige Beläge oder Wucherungen bemerken.

Zwar werden Goldfische in vielen reizvollen Spielarten angeboten, doch eignen sich die exotischeren Züchtungen eher für Aquarien. Goldorfen sind als Oberflächenfische gut sichtbar, brauchen aber einen mindestens 3 m großen Teich (sonst könnten sie in Schreckmomenten leicht aus dem Wasser springen).

Schleierschwänze sind klein und kompakt, aber kälteempfindlicher als normale Goldfische.

Gewöhnliche Goldfische eignen sich für einen kleinen Zierteich am besten.

Geeignete Zierteichfische

- Goldfische und Züchtungen (Shubunkin, Schleierschwanz, Sarasa)
- Goldorfe
- Spiegelkarpfen
- Karausche
- Koi
- Rotfeder
- Schleie

Fische in den Teich einsetzen

Das Einsetzen neu erworbener Fische muss behutsam geschehen, da sie auf Stöße wie auch auf plötzliche Temperaturwechsel sehr empfindlich reagieren. In Zoohandlungen werden Fischtransportbeutel in der Regel mit extra Sauerstoff gefüllt, der aber nur für eine begrenzte Zeit reicht.

Setzen Sie den Beutel, ohne irgendwo anzuecken, ins Teichwasser – seine Innentemperatur muss sich der des Teiches angleichen. Nun den Beutel öffnen, damit frische Luft hineingelangt. Nach etwa 20 Minuten die Fische sanft aus dem Beutel ins Teichwasser gleiten lassen. Einige Tage lang werden sie sich verbergen, aber dann haben sie sich eingewöhnt.

Wenn sich die Temperatur im Beutel der im Teich angepasst hat, die Fische herauslassen.

Fischgerechte Bepflanzung

Von der Bepflanzung eines Teichs hängt es ganz wesentlich ab, ob sich die Fische in ihm wohl fühlen. Schwimmblätter bieten ihnen Schatten sowie Schutz vor Räubern, z. B. Reihern. Tiefwasser- und Uferpflanzen nehmen mit ihren Wurzeln Fischausscheidungen auf und sorgen so für sauberes Wasser.

Geeignete Zierteichpflanzen

- *Acorus calamus*
- *Aponogeton distachyos*
- *Butomus umbellatus*
- *Caltha*
- *Iris*
- *Myosotis scorpioides*
- *Nuphar lutea*
- *Nymphaea*
- *Sagittaria*

Iris laevigata

Nuphar lutea

Fischpflege

In einem passend bepflanzten Teich, der ein funktionierendes Ökosystem darstellt, kommen Zierfische allein ganz gut zurecht. Durch hochwertiges Futter, eine gute Wasserqualität und die Vermeidung von Stressfaktoren kann man sie zusätzlich unterstützen.

Fischfutter

Da Teichfische eine Art Winterruhe einlegen, brauchen sie in den wärmeren Monaten nicht nur für das Wachstum und den täglichen Energiebedarf ausreichend Futter, sondern auch, um Fettreserven für die nächste Ruheperiode zu bilden. Die Fütterung beginnt im zeitigen Frühjahr und endet mit den ersten Herbstfrösten.

Trockenfutter Aus dem vielfältigen Angebot erfreuen sich Pellets und Flocken besonderer Beliebtheit, da sie die Fische an die Oberfläche locken. Jedes Fischfutter sollte im Frühjahr zunächst nur einmal täglich verabreicht werden.

Wenn die Tage zum Sommer hin wärmer werden, kann man die Dosis erhöhen. Überfütterung birgt allerdings ein Krankheitsrisiko. Eine verlässliche Faustregel besagt, dass man nur so viel Futter geben sollte, wie die Fische in 3–4 Minuten fressen können.

Naturbelassenes Futter Es empfiehlt sich, das im Teich u.a. in Form von Mückenlarven vorhandene Lebendfutter durch ein gemischtes Angebot an eiweißreicher Nahrung wie Tubifex, Enchytraen (den Regenwürmern verwandte weißliche Würmer), Daphnien (Wasserflöhe) oder Frostfutter zu ergänzen. Zusätzliche Vitamine und Nährstoffe nehmen die Fische durch Fressen der im Wasser gedeihenden Wasserpest und durch das Abweiden von Algen auf Steinen und Blättern auf.

Frostfutter wird oft portioniert in Blisterpackungen angeboten.

Schutz der Fische gegen Räuber

Ein häufig auftretender und bedrohlicher Feind von Zierfischen ist der Reiher, der meist in der Abenddämmerung erscheint. Den wirksamsten Schutz gegen diesen Räuber bilden Netze, die so hoch gespannt sein sollten, dass sie den Pflanzenwuchs nicht behindern. Sie schützen Fische auch vor Katzen. Allerdings sehen sie nicht sehr attraktiv aus und sind überdies nicht ganz einfach anzubringen.

Alternativ geben Seerosen- und andere Schwimmblätter Fischen die Möglichkeit, sich vor Feinden zu verbergen, und noch mehr Sicherheit gegen Angriffe aus der Luft bieten auf dem Teichboden platzierte Tonröhren.

Weitere Gefahren drohen Fischen durch Schwimmkäfer, Libellenlarven und Fischläuse. Schwimmkäfer und Libellenlarven sollte man, wann immer möglich, abfischen. Um die Käferlarven zu fangen, ein Stückchen Fleisch an einer Schnur leicht ins Wasser tauchen. Die Larven beißen sich in dem Köder fest und können dann einfach aus dem Wasser gezogen werden. Fischläuse sind auf ihren Opfern klar zu erkennen und sollten entfernt werden: Befallene Fische mit einem feuchten Tuch packen, die Parasiten vorsichtig mit einer Pinzette herausziehen und vernichten, von ihnen verursachte Wunden mit einer Salzlösung desinfizieren.

Kleine Gartenteiche nehmen junge Reiher besonders gern ins Visier. Tatsächlich haben sie dort oft leichtes Spiel.

Vermehrung von Goldfischen

Im Frühjahr und Herbst kann man beobachten, wie die länglichen, schlanken Männchen den rundlicheren Weibchen nachjagen. Goldfische sind geschlechtsreif, wenn sie eine Länge von 8–10 cm erreicht haben. Die Weibchen legen ihre Eier im dichten Gestrüpp der Wasserpest ab, wo sie dann von den Männchen befruchtet werden.

Da sowohl die Eier als auch die junge Brut von den eigenen Eltern wie von anderen Fischen und räuberischen Insekten gefressen werden, überleben nur wenige Nachkommen. Die meisten sind olivgrün. In ihnen schlagen die Merkmale der Wildart durch, die sie auch an zukünftige Generationen weitergeben würden. Sie werden daher am besten mit einem Kescher entfernt und vernichtet (es empfiehlt sich nicht, sie in natürlichen Gewässern auszusetzen). Nur die schwärzlichen Jungfische sollte man weiter aufziehen einige nehmen bereits im ersten Jahr die charakteristische Goldfärbung an.

Goldfische produzieren oft im ersten Jahr reichlich Nachwuchs, der dann jedoch in den Folgejahren auszubleiben scheint. Meist ist dieses Phänomen auf das hohe Aufkommen von Fischen im Teich zurückzuführen, die den Laich und die Brut komplett vertilgen.

Die bernsteinfarbenen, kugeligen Eier werden von den Goldfischmännchen erst nach der Ablage befruchtet.

Häufige Probleme

Viele Gartenbesitzer neigen dazu, ihren Teich zu dicht mit Fischen zu besetzen. Verfügt er über einen Springbrunnen oder Wasserfall, die ein Mehr an Sauerstoff spenden, kann er tatsächlich größere Bestände verkraften. Die Tiere sind putzmunter – bis eine Hitzewelle kommt. Dann schnappen sie an der Oberfläche nach Luft. Falls dies eintritt, besprühen Sie den Teich eine Weile mit einem Wasserschlauch oder Sprenger und dezimieren Sie den Fischbesatz.

In jedem Teich kursieren Krankheitserreger und schwache oder verletzte Fische sind die ersten Opfer. Besonders verbreitet ist die Weißpunktkrankheit. Sie zeigt sich in kleinen Punkten auf Flossen und Körper (nicht zu verwechseln mit den weißen Flecken, die sich zur Paarungszeit an den Kiemen männlicher Fische bilden) und lässt sich mit Spezialmitteln kurieren. Ebenfalls nicht selten und behandelbar sind Flossenfäule und Geschwüre. Konsultieren Sie bei einem Verdacht stets einen Tierarzt.

Ausreichender Schatten und gutes Futter helfen, Ihre Fische gesund und aktiv zu halten. Neuzugänge zunächst möglichst in Quarantäne halten, außerdem durch Entfernen scharfkantiger Steine sowie räuberischer Insekten aus dem Teich das Risiko von Verwundungen minimieren.

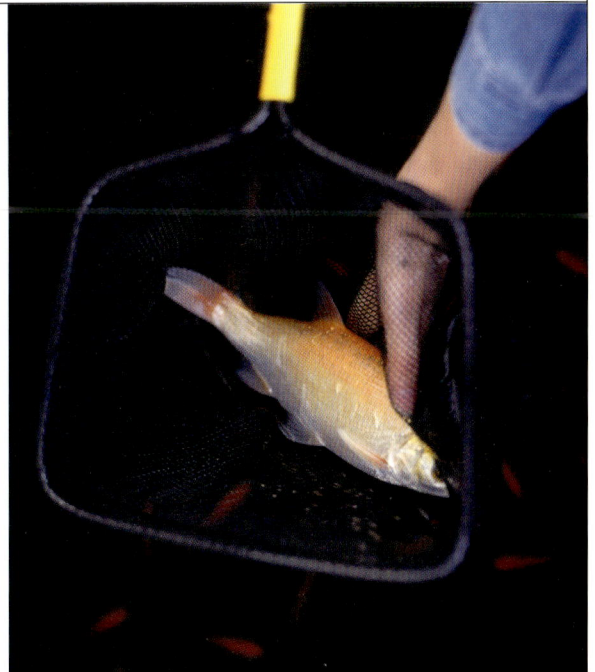

Beim Einfangen von Fischen mit dem Kescher behutsam vorgehen und die Tiere halten, damit sie sich nicht verletzen.

Teichsicherheit

Teiche und andere Wasserelemente verschönern jeden Garten, sind zugleich aber auch potenzielle Gefahrenquellen. Durch einige einfache Maßnahmen lässt sich ein Höchstmaß an Sicherheit herstellen.

Wo liegen die Gefahren? Ein abgesenkter Teich zieht Kinder magisch an. Damit sie nicht hineinfallen, den Teich beispielsweise mit einem stabilen Geländer absichern. Falls man einen wackelnden Trittstein oder Pflasterziegel bemerkt, dies gleich beheben. Regelmäßig elektrische Installationen warten und Holzflächen mit einer Drahtbürste von Algenbewuchs befreien, der nicht nur unschön aussieht, sondern auch rutschig ist.

Fachmännische Arbeit Unsachgemäß durchgeführte Handwerksarbeiten können teuer werden – infolge möglicher Unfälle, aber auch wegen eventuell anfallender Nachbesserungen. Ziehen Sie im Zweifelsfall lieber einen Fachmann hinzu. Das gilt besonders für Elektroinstallationen. Viele Pumpen lassen sich über eine vorhandene Innensteckdose speisen, im Außenbereich führt man die Kabel durch eine verstärkte Schutzhülse (*oben*).

Frei stehende Wasserelemente und Terrassen
Solche Wasserelemente bergen kaum Sicherheitsrisiken. Es ist jedoch darauf zu achten, dass die Elektrik für Kinder und Haustiere unzugänglich ist und den Vorschriften für Außeninstallationen entspricht. Einfassungen aus Steinen müssen, wenn man sie betreten will, Trittsicherheit bieten. Dieselben Sicherheitsaspekte gelten beim Pflastern einer Terrasse und der Installation ihrer Beleuchtung.

Schützende Teichabdeckung In einem Garten, in dem sich auch Kleinkinder aufhalten, wäre ein kleiner Terrassenbrunnen ohne eigentliches Wasserreservoir die bessere Lösung. Wer dennoch auf einen Teich nicht verzichten will, sollte ihn mit einem soliden Metallgitter (in vielen Ausführungen erhältlich) komplett abdecken. Es wird dicht über dem Wasser fest angebracht und muss das Gewicht eines Kindes sicher tragen. Ein Netz würde keinesfalls ausreichen.

Die Pflanzen im Porträt

Die hier vorgestellten Wasser- und feuchtigkeitsliebenden Pflanzen sind nach ihrem jeweiligen Wasserbedarf gruppiert – angefangen bei den Seerosen, die im Wasser stehen müssen, bis zu den Arten, die nur feuchten Boden brauchen. Viele erhielten wegen ihrer vorzüglichen Eignung für die Gartenkultur eine Auszeichnung der Royal Horticultural Society (RHS).

Schlüssel zu den Symbolen und Abkürzungen

♛	Ausgezeichnet mit dem Award of Garden Merit der Royal Horticultural Society
☼	Volle Sonne
☀	Halbschatten
☀	Verträgt Schatten
❋❋❋	Vollständig winterhart
❋❋	In milden Gegenden bzw. in geschützter Lage winterhart
❋	Winterschutz erforderlich
❋	Frostempfindlich
H	Typische Höhe der Pflanze
B	Typische Breite der Pflanze
WT	Erforderliche Wassertiefe (Abstand von der Substratoberfläche bis zur Wasseroberfläche)

Seerosen (At–Od)

Nymphaea 'Attraction'
Blühfreudig, ausbreitend und daher für größere Teiche geeignet. Grüne Blätter sowie zwischen Sommermitte und -ende granatrote Blüten (besonders farbkräftig bei gut eingewachsenen Pflanzen, nach dem Umsetzen hingegen sehr hell bis weiß).

B: 2 m, **WT**: 1–1,2 m
❀❀❀ ☼ ♈

Nymphaea 'Escarboucle'
Die attraktivste unter allen rot blühenden Seerosen. Im Hoch- und Spätsommer öffnen sich die bis zu 30 cm großen blutroten Blüten, in deren Zentrum orangegelbe Staubblätter aufleuchten. Gut eingewöhnte Pflanzen blühen besonders schön.

B: 1,5 m, **WT**: 60–100 cm
❀❀❀ ☼ ♈

Nymphaea 'Froebelii'
Exzellent für Fässer und kleine Teiche geeignet und klein genug, um mehrere Exemplare zusammen zu ziehen. Zwischen den purpurn überhauchten Blättern erscheinen ab Sommermitte und bis in den Herbst zahlreiche kleine blutrote Blüten.

B: 75 cm, **WT**: 40–45 cm
❀❀❀ ☼

Nymphaea 'Gladstoneana'
Weiße, wächserne Blüten, groß wie ein Essteller, schwimmen zwischen dunkelgrünen, runden Blättern, deren Stiele eine braune Zeichnung aufweisen. Die wüchsige und daher nur für große Teiche geeignete Art blüht von Spätfrühjahr bis zum Frühherbst.

B: 3 m, **WT**: 1–2 m
❀❀❀ ☼ ♈

Nymphaea 'Gonnère'
Attraktive Sorte für mittelgroße Teiche. Von Sommermitte bis -ende gefüllte kugelige Blüten mit zugespitzten Kronblättern, umkränzt von grünen Kelchblättern, die das Weiß der Blüten noch mehr strahlen lassen. Blätter im Austrieb bronzefarben.

B: 1,5 m, **WT**: 60–75 cm
❀❀❀ ☼ ♈

Nymphaea 'James Brydon'
Die fast karminroten, gefüllten Blüten erinnern an Pfingstrosen. Sie sprießen im Hoch- und Spätsommer zwischen den dunkelpurpurn angehauchten und oft braun gefleckten Blättern. Eine ideale Pflanze für mittelgroße und kleine Teiche.

B: 60 cm, **WT**: 45–60 cm
❀❀❀ ☼ ♈

Nymphaea 'Laydekeri Lilacea'

Mit einer Vielzahl kleiner ungefüllter, rosaroter und später grell karminroter Blüten bildet die Sorte ab Spätfrühjahr und bis in den Frühherbst einen Blickfang in kleinen Teichen und Bottichen. Die glänzenden Blätter sind bisweilen braun gefleckt.

B: 45 cm, **WT**: 30–45 cm
❋❋ ☼

Nymphaea 'Lemon Chiffon'

Zu kräftig gesprenkelten Blättern bildet die robuste Sorte ab dem späten Frühjahr und bis in den beginnenden Herbst halb gefüllte Blüten in Zitronengelb. Für kleine bis mittelgroße Teiche oder auch für Pflanzgefäße geeignet.

B: 75 cm, **WT**: 30–60 cm
❋❋ ☼

Nymphaea 'Marliacea Albida'

Vom Spätfrühjahr bis zum Frühherbst treibt diese Sorte große, duftende weiße Blüten mit einem zartrosa Anflug. Auffallend sind auch die tiefgrünen, unterseits purpurnen oder roten Blätter. Eine außergewöhnliche Seerose für größere Teiche.

B: 1,2 m, **WT**: 60–100 cm
❋❋❋ ☼ 🏆

Nymphaea 'Marliacea Chromatella'

Bereits seit 1877 gibt es diese Seerose. Ihre zartgelben Blüten besitzen eine dunklere Mitte und rosa überlaufene Kelchblätter. Sie zeigen sich von Sommermitte bis -ende zwischen den olivgrünen, bronzebraun gefleckten Blättern.

B: 1,5 m, **WT**: 60–100 cm
❋❋❋ ☼ 🏆

Nymphaea odorata var. *minor*

Ideal für kleine Teiche und Fässer ist diese Miniaturform mit kleinen weißen sternförmigen Blüten, die stark duften. Ab Spätfrühjahr und bis Herbstbeginn bilden sie einen reizvollen Kontrast zum sanften Grün der unterseits dunkelroten Blätter.

B: 45 cm, **WT**: 25–30 cm
❋❋ ☼

Nymphaea 'Odorata Sulphurea'

Kräftig gesprenkelte Blätter bilden im Hoch- und Spätsommer den Rahmen für die kanariengelben sternförmigen, mit ihren zahlreichen schmalen Kronblättern aparten Blüten. Entgegen dem Namen duftet die Sorte kaum. Eignung für kleine Teiche.

B: 75 cm, **WT**: 30–60 cm
❋❋❋ ☼

Seerosen (Py–Tu)

Nymphaea 'Pygmaea Helvola'

Im Hoch- und Spätsommer sternförmige Blüten in hellem Gelb – bei ausgewachsenen Pflanzen können es bis zu 30 auf einmal sein. Die Blätter sind auffällig bronzebraun gescheckt. Ideal für kleine Teiche, Tröge und Fässer.

B: 45 cm, **WT**: 25–30 cm
❄❄ ☀ ♈

Nymphaea 'Pygmaea Rubra'

Das Rosarot der Blüten, die sich im Hoch- und Spätsommer zwischen den unterseits roten Blättern entfalten, schlägt später in Granatrot um. Etwas größer als andere 'Pygmaea'-Sorten, geeignet für kleine Teiche oder auch für Pflanzgefäße.

B: 45 cm, **WT**: 20–25 cm
❄❄ ☀

Nymphaea 'René Gérard'

In kleinen Teichen und Behältern macht sich diese Sorte besonders gut. Zu schlichten grünen Blättern bildet sie vom Spätfrühjahr bis in den Frühherbst in großer Zahl sternförmige Blüten, deren Rosarot stellenweise in helles Purpur verläuft.

B: 60 cm, **WT**: 30–45 cm
❄❄❄ ☀

Nymphaea 'Rose Arey'

Mittelgroße Sorte mit zahlreichen großen, duftenden, sternförmigen, zunächst rosaroten und später helleren Blüten, die sich ab Spätfrühjahr und bis in den Frühherbst entfalten. Die Blätter sind im Austrieb auffallend rot, später dann bronzegrün.

B: 1 m, **WT**: 30–45 cm
❄❄❄ ☀

Nymphaea tetragona

Die kleinste aller Seerosen ist ideal für Terrassenkübel. Ihre weißen Blüten, die von Spätfrühjahr bis Frühsommer sprießen, sind exakte Miniaturausgaben der Blüten größerer Verwandten. Die grünen, manchmal gesprenkelten Blätter sind 5 cm lang.

B: 30 cm, **WT**: 15–25 cm
❄❄ ☀

Nymphaea 'Tuberosa Richardsonii'

Das Apfelgrün der Blätter und Kelchblätter bildet einen aparten Kontrast zum Reinweiß der halb gefüllten, pfingstrosenartigen Blüten, die vom Spätfrühjahr bis zum Frühherbst in Vielzahl sprießen. Ideal für mittelgroße bis große Teiche.

B: 1,1 m, **WT**: 45–75 cm
❄❄❄ ☀

Tiefwasserpflanzen (Ap–Ra)

Aponogeton distachyos

Attraktive, aus Südafrika stammende Pflanze mit riemenförmigen Blättern und weißen Blüten, die zart nach Weißdorn duften. Sie sprießen zahlreich im Sommer, auf der Nordhalbkugel blüht die Kap-Wasserähre auch ganzjährig.

B: 60 cm, **WT**: 60 cm
❄❄❄ ☼ ☼ ☀

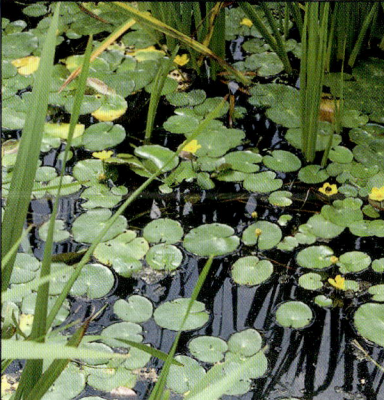

Ceratophyllum demersum

Zwischen den wirtelig stehenden Blättern des Rauen Hornblatts finden Tiere Unterschlupf. Auch macht sich die Unterwasserpflanze als Sauerstoffbildner nützlich und bremst als Lichtfilter extremes Algenwachstum. Vermehrung aus Stecklingen.

B: unbegrenzt, **WT**: 1 m
❄❄ ☼ ☼ ☀

Nuphar lutea

Zu großen, rundlichen grünen Schwimmblättern sowie Unterwasserblättern, die an Kopfsalat erinnern, bildet die Gelbe Teichrose ab Spätfrühjahr und bis Frühherbst becherförmige gelbe Blüten. Für kleine Teiche ist N. japonica eher geeignet.

B: unbegrenzt, **WT**: 60–100 cm
❄❄❄ ☼ ☼ ☀

Nymphoides peltata

In freier Natur wird die Gewöhnliche Seekanne immer rarer. Zwischen kleinen Schwimmblättern entfalten sich im Hoch- und Spätsommer über dem Wasser gelbe, fransige Blüten. Pflanzkorb und regelmäßiger Schnitt dämmen übermäßigen Wuchs ein.

B: unbegrenzt, **WT**: 45–75 cm
❄❄❄ ☼ ☼

Orontium aquaticum

Pflanzt man die Goldkeule tief genug, so schwimmen ihre großen, bereiften Blätter auf dem Wasser. Im Spätfrühjahr sprießen weiße Kolben, die mit gelben Blütchen besetzt sind. Das kräftige Wurzelsystem hilft, das Teichwasser zu klären.

B: 60 cm, **WT**: 30–45 cm
❄❄❄ ☼

Ranunculus aquatilis

Guter Sauerstoffbildner für stehende und fließende Gewässer. Fadenförmige Unterwasser- und kleine, seerosenartige Schwimmblätter, im Sommer zierliche weiße Blüten. Vermehrung des Wasser-Hahnenfußes aus Wurzelstecklingen im Sommer.

B: unbegrenzt, **WT**: 25–45 cm
❄❄❄ ☼

Uferpflanzen (Ac–Ca)

Acorus calamus 'Argenteostriatus'
Früher verwendete man die Blätter des sommergrünen Kalmus als Bodenbelag (wenn man sie drückt, geben sie einen kräftigen Geruch ab). Bei dieser für Teiche wie Container geeigneten Sorte sind die Blätter weiß gestreift. Die Blüten sind unscheinbar.

H: 75 cm, **B**: 30 cm,
WT: 20 cm ❄❄❄ ☼ ☀

Acorus gramineus 'Hakuro-nishiki'
Mit ihren Büscheln gelblich grüner Blätter bildet diese fast immergrüne Miniaturform des Lakritz-Kalmus einen Blickfang in Fässern und Schalen. Ebenfalls zwergwüchsig, aber schlicht grünlaubig ist *A. gramineus* var. *pusillus*.

H: 10 cm, **B**: 15 cm
WT: seichtes Wasser ❄❄ ☼ ☀

Acorus gramineus 'Ogon'
Die eher kleinwüchsige, fast immergrüne Pflanze mit goldgelb gestreiften Blättern kommt in Fässern, Schalen und kleinen Teichen gut zur Geltung. Zur Vermehrung im Frühjahr teilen. *A. gramineus* 'Variegatus' hat cremegelb gestreiftes Laub.

H: 25 cm, **B**: 23 cm
WT: seichtes Wasser ❄❄ ☼ ☀

Alisma plantago-aquatica
Der Gewöhnliche Froschlöffel, eine auch in unseren Breiten heimische sommergrüne Pflanze, bildet im Sommer winzige weißliche Blüten in hohen Rispen. Entfernen welker Blütenstände verhindert eine übermäßige Ausbreitung durch Selbstaussaat.

H: 60 cm, **B**: 45 cm
WT: 30 cm ❄❄❄ ☼ ☀

Butomus umbellatus
Zu schmalen, schilfartigen Blättern bildet die sommergrüne Blumenbinse – oder Schwanenblume – im Hochsommer rosa Blütendolden. Bei ausreichendem Platz breitet sie sich schön aus. 'Rosenrot' blüht dunkler rosa, 'Schneeweißchen' weiß.

H: 1 m, **B**: unbegrenzt
WT: 5–15 cm ❄❄❄ ☼ ♟

Calla palustris
Im späten Frühjahr bringt die kleine Schlangenwurz-Art zu ihren imposanten Blättern eine matt grünlich weiße Spatha hervor, aus der sich scharlachrote Beeren entwickeln. Interessanterweise geschieht die Befruchtung durch Schnecken.

H: 25 cm, **B**: 45 cm
WT: 10 cm ❄❄❄ ☼ ☀

Caltha palustris

Auch der trübste Tag wird heiter durch die goldgelben Blüten, die die Sumpf-Dotterblume im Spätfrühjahr hervorbringt. Ihre runden Blätter bilden einen hübschen Kontrast zum sprießenden Laub von *Iris* und Schilf.

H: 60 cm, **B**: 45 cm ❄❄❄ ☼ ☼ ♈

Caltha palustris var. alba

Im Gegensatz zu der Stammart sind die Blüten bei dieser Varietät weiß und sprießen zweimal im Jahr, nämlich im Frühjahr und Frühherbst. Die Blätter sind gezähnt. Zur Vermehrung werden die Pflanzen im zeitigen Frühjahr geteilt.

H: 45 cm, **B**: 30 cm ❄❄❄ ☼ ☼

Caltha palustris 'Marilyn'

Durch Züchtung entstand eine verbesserte Version von *C. palustris*. Die Sorte wächst eher aufrecht und treibt eine Vielzahl dottergelber Blüten. Da sie nicht samenecht ist, vermehrt man sie am besten durch Teilung einer alten Pflanze im Frühjahr.

H: 60 cm; **B**: 30 cm ❄❄❄ ☼ ☼

Caltha palustris var. palustris

Die im zeitigen Frühjahr gelb blühende Gewöhnliche Sumpf-Dotterblume breitet sich durch Kindel aus, die aus Knoten an den Blütenstängeln sprießen und, wenn diese sich zur Erde neigen, wurzeln. Ohne Kontrolle stark wuchernd.

H: 40 cm, **B**: 75 cm ❄❄❄ ☼ ☼

Caltha palustris 'Plena'

Im Frühjahr entfalten sich die gefüllten Blüten in dunklem Chromgelb. Die Sorte lässt sich leicht durch Teilung vermehren. In viktorianischer Zeit wurde sie gern als Einfassung für Staudenrabatten verwendet.

H: 30 cm, **B**: 45 cm ❄❄ ☼ ☼ ♈

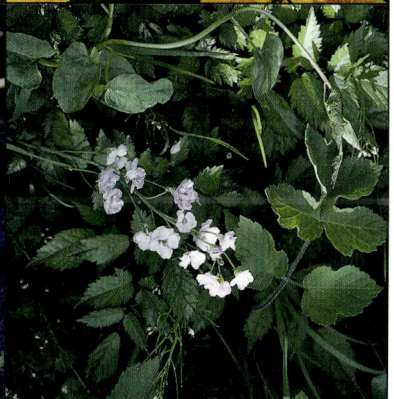

Cardamine pratensis

Kaum eine einheimische Wiesenblume ist so reizend wie das Wiesen-Schaumkraut mit seinen rosa bis malvenfarbenen Blüten, die im Frühjahr sprießen. Die Blätter wurden früher als Salat gegessen. Zur Vermehrung dreijährige Pflanzen teilen.

H: 25 cm, **B**: 10 cm ❄❄ ☼ ☼

Uferpflanzen (Ca–Ir)

Carex riparia 'Variegata'

Schmale grüne Streifen zieren die beinahe weißen Blätter dieser Ufer-Segge. Dazu bildet das sommergrüne Gras im späten Frühjahr und Frühsommer schwarzbraune Blütenköpfe. Es sollte, da sehr invasiv, in einem Pflanzkorb gezogen werden.

H: 60–100 cm; **B**: unbegrenzt
WT: 10 cm ❄❄❄ ☼ ◑

Cotula coronopifolia

Im Uferbereich von Teichen bildet die Krähenfuß-Laugenblume, eine australische Einjährige, ganze Kolonien. Aus kriechenden Sprossen gehen im Frühsommer zahlreiche kleine gelbe Blüten hervor. Nützlich als Unterpflanzung, auch in Containern.

H: 25 cm, **B**: 25 cm
WT: seichtes Wasser ❄❄ ☼

Equisetum arvense

Der Acker-Schachtelhalm treibt im zeitigen Frühjahr dekorative, gelblich braun überlaufene Sprosse mit fedrigem grünem Laub. Er wuchert jedoch stark (aufpassen, dass er nicht in das Mauerwerk von Teicheinfassungen eindringt). Für Tiere giftig.

H: 10–30 cm, **B**: unbegrenzt
WT: seichtes Wasser ❄❄ ☼ ◑

Equisetum hyemale

Früher nutzte man den Winter-Schachtelhalm zum Säubern von Zinngefäßen. Die urzeitlich anmutende immergrüne Pflanze macht sich mit ihren aparten Sprossen exzellent in Containern, zumal sie sonst wuchert. 'Bandit' hat gelb gebänderte Sprosse.

H: 75 cm, **B**: 30 cm
WT: 10 cm ❄❄❄ ☼

Eriophorum angustifolium

Das immergrüne Schmalblättrige Wollgras, das im Sommer flaumige Blüten bildet, liebt sehr sauren Boden. Ein Pflanzkorb oder Container weist es in die Schranken. Da es mitunter nicht neu austreibt, sollte man einige Samen in Reserve halten.

H: 45 cm, **B**: unbegrenzt
WT: 5 cm ❄❄❄ ☼ ◑

Glyceria maxima var. variegata

Ein hohes sommergrünes Gras mit cremeweiß und grün gestreiften, im Frühjahr zunächst purpurn getönten Blättern. Da es sehr invasiv ist, sollte es im Kübel bzw. – in einem Teich – in einem Pflanzkorb gezogen und zurückgeschnitten werden.

H: 1 m, **B**: unbegrenzt
WT: seichtes Wasser ❄❄❄ ☼ ◑

Iris laevigata

Es heißt, die Asiatische Sumpf-Schwertlilie sei mit ihren großen blauen Blüten die Schönste unter ihresgleichen. In gutem Lehmboden bildet sie rasch üppige Horste und erfreut nach 3–4 Jahren im Frühsommer mit einem herrlichen Flor.

H: 75 cm, **B**: 1 m
WT: 10–15 cm ❋❋❋ ☼ ♛

Iris laevigata 'Liam Johns'

Die in den Rowden Gardens in Devon gezüchtete und nach einem Mitglied der Familie benannte Sorte treibt im Frühsommer mattweiße Blüten mit violettblauer Mitte, die mit kräftigeren Farben in ihrer Umgebung effektvoll kontrastieren.

H: 75 cm, **B**: 1 m
WT: 10–15 cm ❋❋❋ ☼

Iris laevigata 'Richard Greaney'

Diese wüchsige Sorte, ebenfalls in den Rowden Gardens gezüchtet und nach einem Mitglied der Familie benannt, zeigt im Frühsommer Blüten in auffallend klarem Blassblau. Sie unterstreichen die Farben anderer Formen, wirken aber auch für sich.

H: 75 cm, **B**: 1 m
WT: 10–15 cm ❋❋❋ ☼

Iris laevigata 'Variegata'

Während der gesamten Wachstumsperiode erzeugt diese wüchsige Sorte mit ihrer silbrig weißen Panaschierung Aufmerksamkeit. Sie kontrastiert schön mit grünlaubigen Arten und belebt zudem mit ihrem blauen Flor im Sommer dunkle Ecken.

H: 75 cm, **B**: 1 m
WT: 10–15 cm ❋❋❋ ☼ ♛

Iris laevigata 'Weymouth Midnight'

Die großen, gefüllten Blüten dieser Sorte, die sich im Frühsommer entfalten, zeigen ein herrliches Dunkelblau mit einer strahlend weißen Mittellinie auf jedem Blütenblatt. Damit bildet die Pflanze eine Attraktion in jeder Wasseranlage.

H: 75 cm, **B**: 1 m
WT: 10–15 cm ❋❋❋ ☼

Iris pseudacorus

Gelbe Blüten mit brauner Zeichnung schmücken im Frühsommer die in Europa heimische Sumpf-Schwertlilie. Sie lieferte das Vorbild für ein viel verwendetes Wappenmotiv, etwa die fleur de lys auf dem Lilienbanner der Bourbonen.

H: 1,2 m, **B**: 1 m
WT: 10–15 cm ❋❋❋ ☼ ☽ ♛

Uferpflanzen (Ir–Ly)

Iris pseudacorus 'Alba'
Eher selten sieht man diese Pflanze mit breiten grünen Blättern und hell elfenbeinfarbenen Blüten, deren Kronblätter oben einen zartgrauen Strich aufweisen. Sie gedeiht am besten in guter Lehmerde und blüht vom Spätfrühjahr bis Frühsommer.

H: 1 m, **B**: 60 cm
WT: 15 cm ❋❋ ☼

Iris pseudacorus var. bastardii
'Sulphur Queen' lautet ein weiterer Name dieser Varietät. Ihre blassprimelgelben Blüten sprießen ab Spätfrühjahr bis zum Frühsommer. Sie eignet sich für mittlere bis große Teiche und liebt Lehmboden. Zur Vermehrung nach der Blüte teilen.

H: 1 m, **B**: 75 cm
WT: 15 cm ❋❋❋ ☼

Iris pseudacorus 'Flore-Pleno'
Mit ihren übereinander liegenden, schwefelgelben Kronblättern erinnern die Blüten, die ab Spätfrühjahr bis zum Frühsommer erscheinen, ein bisschen an ein Spültuch. Dennoch ist diese kuriose Sorte als Solitär sehr attraktiv. Sie liebt guten Lehmboden.

H: 1 m, **B**: 75 cm
WT: 15 cm ❋❋❋ ☼

Iris pseudacorus 'Variegata'
Beim Austrieb im Frühjahr primelgelb, überzieht sich das Laub im Lauf der Saison immer weiter mit Grün, bis es sich im Spätsommer schließlich komplett grün präsentiert. Die Blütenfarbe ist dieselbe wie bei *I. pseudacorus*.

H: 1 m, **B**: 75 cm
WT: 15 cm ❋❋❋ ☼ ♛

Iris versicolor
Die Verschiedenfarbige Schwertlilie treibt im Frühsommer purpurblaue Blüten. Sie sind kleiner als bei anderen Arten, die an feuchten Standorten gedeihen, dafür aber sehr zahlreich. Geeignet für kleinere Wasseranlagen, verlangt gute Lehmerde.

H: 75 cm, **B**: 75 cm
WT: 5 cm ❋❋❋ ☼ ♛

Iris versicolor 'Kermesina'
Magentarote Blüten mit weißer Zeichnung ziehen im Frühsommer die Blicke auf sich. Wie alle Sorten wird auch diese durch Teilung nach der Blüte vermehrt. Sie harmoniert schön mit *I. versicolor* und eignet sich ebenso für Pflanzgefäße.

H: 75 cm, **B**: 60 cm
WT: 5 cm ❋❋❋ ☼

Iris versicolor 'Whodunit'

In Einzelstellung kommt die Schönheit dieser Sorte besonders zur Geltung. Ihre Blüten weisen breite weiße Kronblätter mit starker blauer Äderung auf und zeigen sich von Spätfrühjahr bis Frühsommer. Ideal ist ein humusreicher Boden.

H: 75 cm, **B**: 60 cm
WT: 5 cm ✳✳✳ ☀

Juncus effusus fo. *spiralis*

Stängelähnliche stielrunde und gekringelte Blätter verleihen der Korkenzieher-Binse ein ungewöhnliches Aussehen. Im Sommer sprießen kleine braune Blüten (wegen starker Neigung zur Selbstaussaat nach der Welke regelmäßig entfernen).

H: 30 cm, **B**: 45 cm
WT: 5 cm ✳✳✳ ☀

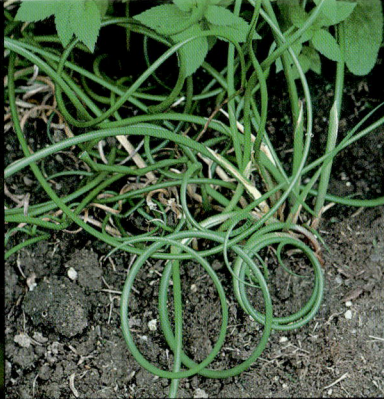

Juncus ensifolius

Die Schwertblättrige Binse ist ein niedrig wachsender Bodendecker mit grasartigen Blättern und reizvollen schwarzen Blütenständen. Um sie jedoch davon abzuhalten, andere Pflanzen zu überwuchern, muss man sie in einem Pflanzkorb ziehen.

H: 23 cm, **B**: unbegrenzt
WT: seichtes Wasser ✳✳✳ ☀ ☼

Lobelia cardinalis

Ab Spätsommer bis Herbst zeigt die stattliche Kardinals-Lobelie strahlend rote Blüten. Es gibt Varianten mit rötlich braunem Laub und Blüten in Weiß, Rosa, Purpur oder Scharlachrot. Über Winter hereinholen, kann im Frühjahr geteilt werden.

H: 1 m, **B**: 25 cm
WT: seichtes Wasser ✳ ☀ 🏆

Lysichiton americanus

Zu Frühjahrsbeginn bringt die Gelbe Scheinkalla lebhaft gelbe Spathen hervor, gefolgt von großen Blättern. Mit ihrem enormen Wurzelsystem nimmt sie viele Nährstoffe aus dem Wasser auf und bremst so den Algenwuchs. Moschusartiger Geruch.

H: 75 cm, **B**: 1,2 m
WT: 30 cm ✳✳✳ ☀ ☼ ● 🏆

Lysichiton camtschatcensis

Glitzernde weiße Spathen im Frühjahr (der unschöne Geruch der Blüten fällt an freien Standorten kaum ins Gewicht). Obwohl etwas kleiner als *L. americanus*, macht sich die aus China stammende Weiße Scheinkalla in einem Teich ebenso nützlich.

H: 60 cm, **B**: 1 m
WT: 30 cm ✳✳ ☀ ☼ ● 🏆

Uferpflanzen (Me–Sa)

Mentha aquatica
Rote Stängel, die stark duften, sowie im Sommer hübsche kugelförmige Blütenstände in Blasslila gehören zu den Merkmalen der Wasser-Minze. In naturnahen Pflanzungen darf sie ruhig etwas wuchern, dennoch empfiehlt sich stets ein Pflanzkorb.

H: 1 m, **B**: unbegrenzt
WT: seichtes Wasser ❄❄❄ ☼

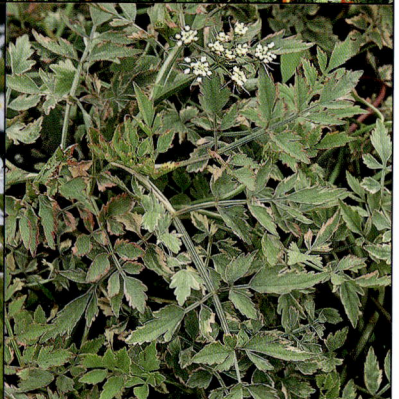

Menyanthes trifoliata
Der Bitter- oder Fieberklee zeigt zu 3-zählig gefingerten Blättern im Frühjahr rosa-weiße sternförmige Blüten mit gefransten Kronblättern. Die langen, kriechenden Sprosse häufiger einkürzen, Vermehrung durch Teilung oder Stecklinge.

H: 30 cm, **B**: unbegrenzt
WT: 15 cm ❄❄❄ ☼ ☼

Mimulus cardinalis
Zwischen Sommermitte und -ende bringt die nordamerikanische Scharlachrote Gauklerblume zahlreiche Blüten hervor, deren Winzigkeit durch ihre Leuchtkraft wettgemacht wird. Ein Rückschnitt nach der Blüte regt den Neuaustrieb an.

H: 75 cm, **B**: 45 cm
WT: seichtes Wasser ❄ ☼ ♈

Mimulus guttatus
Ebenfalls aus Nordamerika stammt die Gewöhnliche Gauklerblume. Im Sommer sprießen Unmengen gelber, am Schlund scharlachrot getüpfelter Blüten. Kleinere Nachbarn werden leicht verdrängt; Vermehrung durch Teilen oder Aussaat im Frühjahr.

H: 75 cm, **B**: 30 cm
WT: seichtes Wasser ❄❄ ☼

Myosotis scorpioides
Im Spätfrühjahr und Frühsommer reizende, kleine Blüten in leuchtendem Blau. Trotz Neigung zur Selbstaussaat ist das Gewöhnliche Sumpf-Vergissmeinnicht leicht zu kontrollieren. 'Mermaid' hat größere Blüten, es gibt auch weiße und rosa Formen.

H: 45 cm, **B**: unbegrenzt
WT: seichtes Wasser ❄❄❄ ☼ ☼

Oenanthe javanica 'Flamingo'
Nicht wegen ihrer Dolden winziger weißer Spätsommerblüten wird diese Wasserfenchel-Sorte kultiviert, sondern aufgrund der weiß und purpurn panaschierten Blätter. Das dichte Wurzelwerk im Wasser bietet ein gutes Versteck für Fischlaich.

H: 30 cm, **B**: unbegrenzt
WT: seichtes Wasser ❄❄ ☼ ☼

Persicaria amphibia

Der Wasser-Knöterich wächst auf feuchtem Grund ebenso wie im Wasser – in dem Fall treiben die Blätter auf der Oberfläche. Im Sommer bildet er rosig weiße Blütenähren. Da er in fauligem Wasser schnell kümmert, ist er ein guter »Warnmelder«.

H: 30 cm, **B**: unbegrenzt
WT: 15–100 cm ✳✳✳ ☼ ☀

Phragmites australis 'Variegatus'

Altgoldfarbene Streifen zieren die Blätter dieses imposanten sommergrünen Gewöhnlichen Schilfrohrs – ein aparter Kontrapunkt zu den purpurnen Herbstblüten. In kleinen Gärten sollte man die stark wuchernde Pflanze stets in einem Kübel ziehen.

H: 2,5 m, **B**: unbegrenzt
WT: 30–100 cm ✳✳✳ ☼

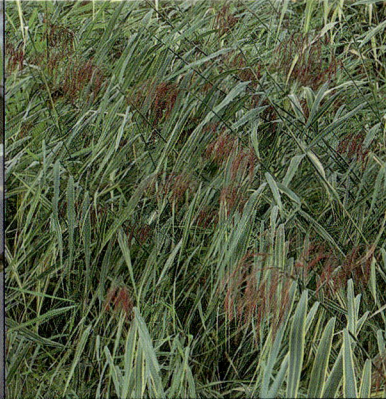

Pontederia cordata

Das in Nordamerika heimische Herzförmige Hechtkraut lässt sich leicht in Schach halten. Zu charakteristischen, schimmernden, zugespitzten herzförmigen Blättern zeigt es im Spätsommer blaue Blütenähren. 'Alba' bildet weiße, 'Pink Pons' blasslila Blüten.

H: 60 cm, **B**: unbegrenzt
WT: 30 cm ✳✳✳ ☼ 🏆

Ranunculus flammula

Im Sommer überzieht sich der Brennende Hahnenfuß mit kleinen gelben Blüten. Er macht sich gut als Unterpflanzung, etwa in Kombination mit Schwertlilien. Die Unterart R. minimus bildet kompakte, 20 cm breite Kissen und blüht in Goldgelb.

H: 30 cm, **B**: 60 cm
WT: seichtes Wasser ✳✳✳ ☼

Ranunculus lingua 'Grandiflorus'

Anmutige, hohe Staude, die im Sommer an rötlich überlaufenen Stängeln zwischen lanzettförmigen Blättern butterblumenartige Blüten hervorbringt. Da der Zungen-Hahnenfuß sich gern ausbreitet, zieht man ihn am besten in einem Korb.

H: 1 m, **B**: unbegrenzt
WT: 30 cm ✳✳✳ ☼

Sagittaria sagittifolia

Das Gewöhnliche Pfeilkraut macht sich exzellent im Uferbereich. Zu attraktiven, pfeilförmigen Blättern zeigt es im Spätsommer doldenartige Blütenstände in Weiß. Seine Knolle ist rund. In kleineren Teichen sollte man es in einem Pflanzkorb ziehen.

H: 60 cm, **B**: unbegrenzt
WT: seichtes Wasser ✳✳✳ ☼

Uferpflanzen (Sa–Za)

Saururus cernuus
Wie Pfeifenreiniger sehen die Ähren rahmweißer Blüten aus, die im Sommer über den herzförmigen Blättern hängen. In kleinen Teichen muss man die Wuchsfreude des Amerikanischen Molchschwanzes eindämmen.

H: 60 cm, **B**: unbegrenzt
WT: 30 cm ❄❄ ☼

Schoenoplectus tabernaemontani **'Albescens'**
Mit ihren rahmgelb gestreiften Stängeln belebt diese Salz-Teichsimse jede Pflanzung. Aufgrund ihrer Höhe wird sie, wenn sie in einem Pflanzkorb gezogen wird, leicht vom Wind umgeweht. Vermehrung durch Teilung im Frühjahr.

H: 2 m, **B**: 60 cm
WT: 25 cm ❄❄ ☼

Schoenoplectus tabernaemontani **'Zebrinus'**
Ähnlich wie 'Albescens', aber niedriger und über die gesamte Länge der Sprosse leuchtend gelb gebändert. Schön als Solitär in einem Kübel oder, umgeben von nicht panaschierten Pflanzen, in kleinen Teichen.

H: 1,2 m, **B**: 45 cm
WT: 25 cm ❄❄ ☼

Scrophularia auriculata **'Variegata'**
Diese Wasser-Braunwurz trägt Blätter mit cremefarbenem Rand. Blüten unscheinbar, aber eine Bienenweide. Die krautige Staude schätzt einen geschützten Platz. Vermehrung erfolgt aus Stecklingen im Sommer.

H: 1 m, **B**: 60 cm
WT: 10 cm ❄❄ ☼ ☀

Sparganium erectum
Zu grasartigem Laub trägt der sommer- oder halbimmergrüne Ästige Igelkolben im Herbst kugelige Samenstände, an denen sich Enten gern bedienen. Da sich die Pflanze stark ausbreitet, sollte man sie in kleinen Teichen in einem Korb ziehen.

H: 1 m, **B**: unbegrenzt
WT: 30 cm ❄❄❄ ☼ ☀

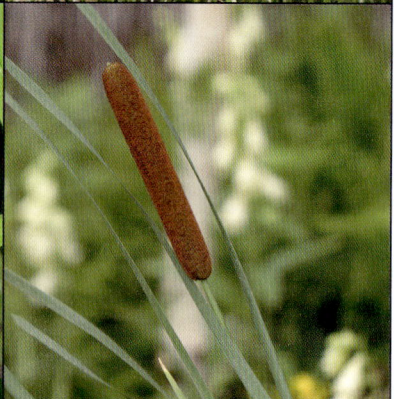

Typha angustifolia
Der wuchsfreudige Schmalblättrige Rohrkolben wirkt elegant mit seinen braunen Samenständen, die gern in Gestecken verwendet werden (Haarspray verhindert, dass sie aufplatzen). Bei Kultur in einem Korb muss man die hohe Pflanze beschweren.

H: 2 m, **B**: unbegrenzt
WT: 60 cm ❄❄❄ ☼

Typha latifolia

Verglichen mit *T. angustifolia* ist der Breitblättrige Rohrkolben größer und wuchert stärker. In kleinen Gärten macht er sich dekorativ in einem Terrassenkübel. Wenn die Kolben platzen, geben sie eine Wolle frei, die früher als Kissenfüllung diente.

H: 3 m, **B**: unbegrenzt
WT: 60 cm ❄❄❄ ☼

Typha latifolia 'Variegata'

Diese Sorte ist etwas weniger invasiv. Trotzdem wird sie am besten in einem großen Gefäß (z. B. in einem Plastikwäschekorb) gezogen. Es hält die Ausläufer und damit auch die Jungpflanzen kompakt zusammen, was schöner aussieht.

H: 1,2 m, **B**: unbegrenzt
WT: 60 cm ❄❄ ☼

Typha minima

Mit seinen schmalen, grasartigen Blättern und nur etwa erbsenschotengroßen, braunschwarzen Kolben ist der Zwerg-Rohrkolben reizend anzusehen. Kombiniert mit anderen kleinen Uferpflanzen und Miniatur-Seerosen ideal für kleine Anlagen.

H: 60 cm, **B**: unbegrenzt
WT: 30 cm ❄❄❄ ☼

Veronica beccabunga

Als fast immergrüne, ausbreitende Pflanze bildet der Bachbungen-Ehrenpreis eine gute Unterpflanzung für robustere Gewächse. Fleischige Triebe, eiförmiges, glänzendes Laub und kleine, intensiv blaue Blüten mit weißer Mitte. Korbkultur ratsam.

H: 30 cm, **B**: unbegrenzt
WT: 10 cm ❄❄❄ ☼

Zantedeschia aethiopica 'Crowborough'

Stattliche, zugespitzte dunkelgrüne Blätter und duftende weiße Blüten vom Spätfrühjahr bis Hochsommer. ‚Crowborough' ist die unempfindlichste Kalla-Sorte, dennoch die Knolle vor Winterfrösten schützen.

H: 1,2 m, **B**: 75 cm
WT: 15 cm ❄❄ ☼ ☼

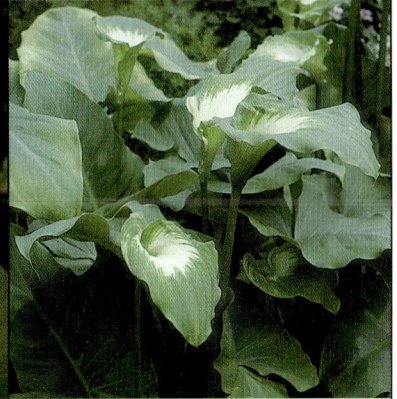

Zantedeschia aethiopica 'Green Goddess'

Diese etwas größere Sorte treibt vom Spätfrühjahr bis Hochsommer interessante grüne Blüten. Wenn sie allmählich einen weißen Schlund bekommen, heben sie sich klarer von den Blättern ab. Vor Frost schützen.

H: 1,5 m, **B**: 1 m
WT: 15 cm ❄❄ ☼ ☼ ☼

Feuchtigkeitsliebende Pflanzen (Ac–Ca)

Aconitum napellus
Im Frühsommer lenken die helmför-
migen, violettblauen Blüten des Blau-
en Eisenhuts in feuchteren Garten-
bereichen die Blicke auf sich. Für eine
schönere Blüte etwa alle 4 Jahre die
knollenartigen Wurzeln ausdünnen.
Die Staude ist hochgiftig.

H: 1 m, **B**: 45 cm
❄❄❄ ☼ ◐

Actaea matsumurae 'White Pearl'
Zu dunkelgrünen, hübsch gefiederten
Blättern zeigt die Staude im Herbst
anmutige Ähren weißer Blüten, ge-
folgt von braunen Samenständen.
Vermehrt wird diese Christophskraut-
Art durch Teilung bei Neuaustrieb im
Frühjahr.

H: 1,2 m, **B**: 75 cm
❄❄❄ ☼ ◐ ◑ ☀

Actaea simplex 'Atropurpurea'
Wenn im Herbst kaum noch etwas
blüht, treibt diese Christophskraut-Art
Ähren aus purpurn oder rosa überhauchten weißen Blüten, die mit dem
dunkelbronzegrünen Laub schön kontrastieren. Gute Sorten sind 'Brunet-
te' und 'James Compton'.

H: 1,2 m, **B**: 60 cm
❄❄❄ ☼

Ajuga reptans 'Multicolor'
Seine bronzefarbenen Blätter mit
gelber, rosa und grüner Zeichnung
zeichnen diese Sorte des Kriechenden
Günsels aus. Im Frühjahr trägt er dazu
blaue Blüten. Ein exzellenter Bodendecker, der auch schattige Ecken mit
Farbe belebt.

H: 15 cm, **B**: unbegrenzt
❄❄❄ ☼ ◐

Anagallis tenella
Der Zarte Gauchheil, eine immergrüne Staude, bildet im Uferbereich
von Gewässern einen dichten Teppich
aus kleinen Blättern, besetzt mit rosaroten Blüten. Er ist auch für kleinere
Wasseranlagen geeignet. Man vermehrt ihn durch Teilung.

H: 2,5 cm, **B**: unbegrenzt
❄❄ ☼ ◐

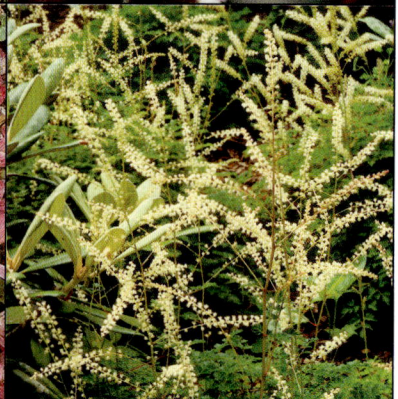

Aruncus aethusifolius
Mit seinem dichten farnartiger Laub,
aus dem im Frühsommer winzige weiße Blüten in zierlichen Rispen
sprießen, schlägt der Kleine Geißbart
überraschend aus der Art. Geeignet
für Kübelkultur in Gesellschaft anderer feuchtigkeitsliebender Pflanzen.

H: 30 cm, **B**: 20 cm
❄❄❄ ☼ ◐ 🏆

Aruncus dioicus

Große, robuste Staude für feuchte wie auch trockene Standorte. Das
Laub des Wald-Geißbarts erinnert an
einen Farn, die duftigen cremeweißen
Blütenrispen an Astilben. Die männli-
che Form hat die hübscheren Blüten
und sät sich nicht unkontrolliert aus.

H: 1,5 m, **B**: 1,2 m
❄❄❄ ☼ ◐ ☖ ♛

Aruncus dioicus 'Kneiffii'

Diese 1889 eingeführte zierliche
Sorte ist ideal für kleine Gärten und
Pflanzkübel. Mit ihrem attraktiven,
sehr fein gefiederten Laub harmoniert sie gut mit kleineren Farnen,
feuchtigkeitsliebenden Iris und kleinen Pflanzen mit schlichtem Laub.

H: 75 cm, **B**: 45 cm
❄❄ ☼ ◐

Astilbe x arendsii

Zur Gruppe der horstbildenden Gar-
ten-Astilben zählen Sorten, die in
der Größe ebenso variieren wie in
der Blütezeit und -farbe (rot, purpur, weiß, rosa und lavendelblau) sowie der Laubfarbe. Empfehlenswert:
'White Gloria', 'Ceres' und 'Fanal'.

H: 60 cm–1 m, **B**: 60 cm
❄❄❄ ☼ ◐

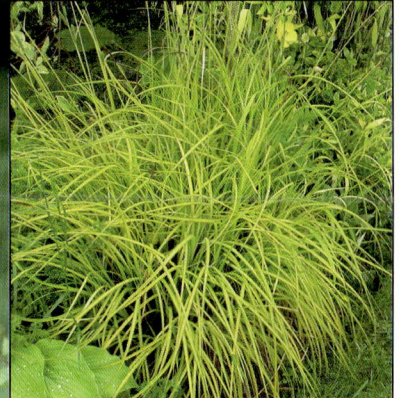

Astilbe chinensis var. pumila

Die kleine, aber wuchsfreudige
Zwerg-Astilbe treibt im Spätsommer
lavendelrosa Blütenrispen. Sie liebt es
feuchter als die meisten anderen Astilben. Mit ihrem farnartigen Laub bildet sie einen schönen Kontrapunkt zu
kleinen Iris wie I. chrysographes.

H: 45 cm, **B**: 30 cm
❄❄❄ ☼ ◐ ♛

Astilbe chinensis taquetii 'Superba'

Im Spätsommer und Frühherbst belebt die Purpur-Astilbe mit ihrem silbrig magentafarbenen Flor größere
Sumpfgärten. Schön neben früher
blühenden Actaea-Arten. Vermehrung durch Teilung im Frühjahr.

H: 1,2 m, **B**: 1 m
❄❄❄ ☼ ◐ ♛

Carex elata 'Aurea'

Die sommergrüne, feuchtigkeitsliebende Staude macht mit ihrem goldgelben Laub auf sich aufmerksam. Im
Frühjahr treibt die Steife Segge dazu
rahmgelbe Blüten, die sich zu braunen Ähren entwickeln.

H: 60 cm, **B**: 45 cm
❄❄❄ ☼ ♛

Feuchtigkeitsliebende Pflanzen (Ca–Ge)

Carex pendula
Die Hänge- oder Riesen-Segge ist ein imposantes Gras mit breiten grünen Blättern und nickenden Blütenstielen. Gut in Kombination mit Farnen und Funkien. Reiche Selbstaussaat erfordert strikte Kontrolle. 'Moonraker' hat panaschiertes Laub.

H: 1,2 m, **B**: 1 m
✽✽✽ ☀

Darmera peltata
Das Schildblatt breitet sich langsam aus, kann aber ziemlich invasiv sein. Im Frühjahr öffnen sich an hohen Stielen Unmengen rosa Blüten. Wenn sie welken, erscheinen die großen, schildförmigen Blätter, die der Staude ihren Namen einbrachten.

H: 1,2 m, **B**: unbegrenzt
✽✽✽ ☀ ☀ ♈

Dierama pulcherrimum
Südafrika ist die Heimat dieser immergrünen Trichterschwertel-Art. Zu ihrem grasartigen Laub bildet sie im Hochsommer lange, gebogene Stiele mit Rispen hängender Blüten in Weiß, Pink, Magenta, Lavendelrosa und anderen Farbtönen mehr.

H: 1,5 m, **B**: 30 cm
✽✽ ☀

Eupatorium cannabinum 'Flore-Pleno'
Gefüllte rosarote Blüten in dicken Köpfen – im Hochsommer eine Zierde für den Sumpfgarten. Dieser Wasserdost liebt kreidige Böden, in saurem Boden bleibt er kleiner. Zur Vermehrung Anfang Frühjahr teilen.

H: 1,2 m, **B**: 1 m
✽✽✽ ☀ ☀

Eupatorium purpureum
Purpurn getönte Stängel mit quirlständigen zugespitzten Blättern und große purpurrosa Blütenköpfe im Herbst. Dieser imposante Wasserdost macht sich gut in größeren Sumpfgärten. Im späten Frühjahr Stecklinge nehmen, vor Schnecken schützen.

H: 2 m, **B**: 1 m
✽✽✽ ☀ ☀

Eupatorium rugosum 'Chocolate'
Mit ihren steifen braunen Sprossen und gezähnten Blättern in apartem Purpur setzt diese Weiße Natternwurz ganzjährig einen Farbakzent. Weiße Blüten bilden im Frühherbst einen weiteren Blickfang. Durch Teilung im Frühjahr vermehren.

H: 1,2 m, **B**: 60 cm
✽✽ ☀ ☀ ♈

Euphorbia palustris

Imposante, buschige Sumpfpflanze, die sich im Spätfrühjahr mit zitronengelbem Blütenflor überzieht. Vermehren lässt sich die Sumpf-Wolfsmilch durch Teilung zu Beginn der Wachstumsperiode. Der aus Wunden austretende Milchsaft ist giftig.

H: 1,2 m, **B**: 1 m
❋❋ ☼ ◐

Filipendula purpurea

1823 aus Japan eingeführt, avancierte dieses Mädesüß mit großen, handförmig geteilten Blättern und magentarosa Blüten, die im Sommer in Trugdolden sprießen, bald zu einem beliebten Schmuck für Sumpfgärten. Zur Vermehrung im Frühjahr teilen.

H: 1,2 m, **B**: 60 cm
❋❋ ☼ ◐ ♈

Filipendula rubra

Anfangs purpurn, färbt sich das handförmig geteilte Laub der Königsspiere, während die Stängel in die Höhe sprießen, allmählich grün. Im Sommer zahlreiche Blüten in hellem Rosarot. Die Staude breitet sich rasch aus und braucht viel Platz.

H: 2 m, **B**: unbegrenzt
❋❋ ☼ ◐

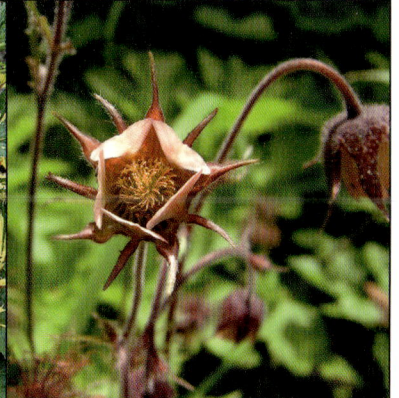

Filipendula ulmaria 'Aurea'

Das goldlaubige Echte Mädesüß belebt dunklere Pflanzungen, schön auch als Kontrast zu bronzefarbenem Laub. Je mehr Sonne es bekommt, desto mehr Feuchtigkeit braucht es. Ebenso attraktiv sind die fedrigen weißen Trugdolden im Sommer.

H: 75 cm, **B**: 30 cm
❋❋❋ ☼ ◐

Filipendula ulmaria 'Variegata'

Die gelbe Laubzeichnung wirkt ganzjährig interessant. Rahmweiße Blüten im Sommer. Um nicht panaschierte Laubpartien zu entfernen, die Pflanze im Frühjahr teilen. Feucht halten und zur Vermeidung von Mehltau gut düngen.

H: 1 m, **B**: 45 cm
❋❋❋ ☼ ◐

Geum rivale

Im Frühsommer schmückt sich die Bach-Nelkenwurz mit nickenden rosa Blüten. Es gibt eine weiß blühende Sorte, empfehlenswerter sind jedoch 'Leonard's Variety' (größere Blüten in kupfrigem Rosa) und 'Lionel Cox' (primelgelb).

H: 30 cm, **B**: 30 cm
❋❋❋ ☼ ◐

Feuchtigkeitsliebende Pflanzen (Gu–Li)

Gunnera manicata

Mit seinen bis zu 2 m breiten Blättern mutet das Mammutblatt wie ein Riesenrhabarber an. Es eignet sich nur für große Sumpfgärten und braucht, um gut zu gedeihen, reichlich Wasser und Nährstoffe. In offener Lage ist Winterschutz nötig.

H: 4,5 m, **B**: 3 m
❄❄ ☼ ◐ ♈

Gunnera tinctoria

Im Gegensatz zu *G. manicata* kommt diese Art mit einem kleineren Areal zurecht. Mit ihren gefalteten Blättern erregt sie Aufsehen, sie braucht aber große Begleitpflanzen. Als Winterschutz im Spätherbst die Blätter über die Wurzelkrone legen.

H: 2 m, **B**: 1,5 m
❄❄ ☼ ◐

Iris chrysographes

China ist die Heimat dieser feuchtigkeitsliebenden Iris. Im Sommer violette Blüten mit goldgelber Zeichnung auf den Hängeblättern. 'Rubella' bildet weinrote Blüten. 'Black Knight' lautet nur einer der Namen einer schwarz blühenden Sorte.

H: 45 cm, **B**: 25 cm
❄❄❄ ☼ ◐ ♈

Iris ensata

Mit ihren waagerecht abgespreizten Kronblättern wirken die Blüten der Japanischen Sumpf-Schwertlilie besonders prunkvoll. Gefüllte und ungefüllte Formen in Weiß, Pink, Lavendel, Blau, Purpur, Magenta und Mauve. Kultur in feuchter Lehmerde.

H: 1 m, **B**: 60 cm
❄❄ ☼

Iris sibirica 'Butter and Sugar'

Bereits seit dem 16. Jh. bekannt, fand die Sibirische Schwertlilie erst im 20. Jh. das Interesse der Züchter. Bei der hier beschriebenen Sorte sprießen im Sommer über dem grasartigen Laub Blüten mit weißen Dom- und gelben Hängeblättern.

H: 25 cm, **B**: 25 cm
❄❄ ☼ ♈

Iris sibirica 'Harpswell Happiness'

Weiße Blüten mit gelblich grüner Äderung erscheinen zwischen Spätfrühjahr und Frühsommer. Diese anmutige Iris ist nicht, wie der Name vermuten lässt, in Sibirien heimisch, sondern in Mittel- und Osteuropa, der Türkei und Russland.

H: 75 cm, **B**: 30 cm
❄❄ ☼ ♈

Iris sibirica 'Perry's Blue'
Eine alte und bewährte Sorte. Sie wächst in dichten Büscheln und bringt im Frühsommer zahlreiche Stängel mit mittelblauen, ockergelb geäderten Blüten hervor (gute Schnittblume). Wunderschön als Einfassung für kleine Teiche.

H: 1 m, **B**: 60 cm
❇❇ ☼

Iris sibirica 'Shirley Pope'
Aus älteren purpurroten Sorten wurde diese verbesserte und zuverlässige Sorte gezüchtet. Die samtigen, dunkelpurpurroten Blüten tragen eine auffallende weiße Zeichnung – ein schöner Kontrast zu anderen Sorten. Das Laub ist grasartig.

H: 1 m, **B**: 45 cm
❇❇ ☼ ☼ 🏆

Iris sibirica 'Silver Edge'
Große, exotisch anmutende, sattblaue Blütenblätter mit weißem Rand ziehen im Frühsommer die Blicke auf sich. Sibirica-Iris sollte man stets durch Teilen im zeitigen Frühjahr oder nach der Blüte vermehren (Rhizomstücke nicht zu klein schneiden).

H: 1 m, **B**: 60 cm
❇❇ ☼ ☼ 🏆

Iris sibirica 'Sky Wings'
Blassblaue, dunkel geäderte Blüten entfalten sich im mittleren Frühjahr und harmonieren schön mit dunkleren Spielarten. Da Sämlinge eventuell anders ausfallen als die Mutterpflanze, sollte man die Samenstände besser entfernen.

H: 75 cm, **B**: 30 cm
❇❇ ☼

Kirengeshoma palmata
Horstbildende Staude mit attraktiven, unregelmäßig gelappten Blättern. Aus den oberen Achseln sprießen im Frühherbst in großer Zahl gelbe, federballförmige Blüten. Die Wachsglocke schätzt kreidefreien, tiefgründigen Boden und toleriert Schatten.

H: 1,2 m, **B**: 75 cm
❇❇ ☼ ☼ 🏆

Ligularia dentata 'Desdemona'
Robuste Staude mit anfangs komplett und später noch unterseits purpurnem Laub. Dunkelgelbe, margeritenähnliche Blüten in zerzausten Trauben im Hochsommer. Vermehrung des Japanischen Goldkolbens durch Teilung im Frühjahr.

H: 1,2 m, **B**: 1 m
❇❇❇ ☼ ☼ 🏆

Feuchtigkeitsliebende Pflanzen (Li–Mi)

Ligularia przewalskii

Die elegante Kerzenligularie stammt aus China. An fast schwarzen Stielen tief eingeschnittene dreieckige Blätter, im Sommer kleine blassgelbe Blüten in lang gezogenen Blütenständen. Schön im Hintergrund eher trockener Sumpfgärten oder als Uferpflanze.

H: 1,5 m, **B**: 75 cm
✻✻✻ ☼ ◑ ♔

Ligularia stenocephala
'The Rocket'

Herzförmiges, gezähntes Laub, im Sommer auf schwarzen Stielen lange Trauben aus mittelgelben, margeritenähnlichen Blüten. Diese Ligularie gedeiht in guter, feuchter Lehmerde. Im zeitigen Frühjahr teilen.

H: 2 m, **B**: 1,1 m
✻✻✻ ☼ ◑ ♔

Lobelia x speciosa

Diese Gruppe Nässe liebender sommerblühender Stauden umfasst mehr als 30 Sorten, in deren leuchtendem Farbspektrum Rottöne dominieren, aber auch Purpur, Pink und Weiß vorkommen. Junge Pflanzen im Winter vor Frost schützen.

H: 75 cm, **B**: 20 cm
✻ ☼

Lysimachia clethroides

Der Entenschnabel-Felberich ist eine in China und Japan heimische krautige Staude. Im Spätsommer trägt er auf aufrechten Stielen winzige weiße Blüten in schlanken Ähren mit herabgebogenen Spitzen. Die Vermehrung erfolgt durch Teilung.

H: 1 m, **B**: unbegrenzt
✻✻✻ ☼ ◑ ♔

Lysimachia ephemerum

Bereits 1730 gelangte dieser Felberich aus Südeuropa in unsere Gärten. Beinahe graues, lederiges Laub, tellerförmige, gräulich weiße Blüten mit zart malvenfarbener Äderung, die sich im Sommer in dichten Ähren auf aufrechten Stängeln entfalten.

H: 1 m, **B**: 30 cm
✻✻ ☼ ◑

Lysimachia nummularia 'Aurea'

Das Pfennigkraut breitet sich mit kriechenden, wurzelnden Sprossen auf feuchtem Grund aus und bildet Polster. Bei dieser Sorte leuchten die Blättchen genauso wie die gelben Blüten. Immergrün, nützlich als Bodendecker und Teicheinfassung.

H: 2,5 cm, **B**: unbegrenzt
✻✻ ☼ ◑ ♔

Lysimachia punctata

Besonders schön macht sich der Punktierte Gilbweiderich in Wildgärten, wenn seine dichten gelben Blütenkerzen im Sommer aus dem eher unscheinbaren Laub hervorleuchten. Bei der Sorte 'Alexander' sind die Blätter weiß panaschiert.

H: 75 cm, **B**: 60 cm
❋❋❋ ☼ ◐

Lythrum salicaria 'Feuerkerze'

Dieser Blut-Weiderich ist eine robuste Staude mit strahlend magenta- bis purpurroten Blüten im Sommer und holzigen Sprossen, die dem Wind gut widerstehen. Wegen der Neigung zur Selbstaussaat empfiehlt es sich, welke Blüten zu entfernen.

H: 1,5 m, **B**: 45 cm
❋❋❋ ☼ ◐ ♆

Matteuccia struthiopteris

Bei ausgewachsenen Exemplaren des Europäischen Straußenfarns sind die im Frühjahr sprießenden Wedel symmetrisch angeordnet. Die Pflanze verträgt keine trockenen Winde. Mit ihren kriechenden Rhizomen kann sie sich beträchtlich ausbreiten.

H: 1,2 m, **B**: unbegrenzt
❋❋ ☼ ◐ ♆

Miscanthus sinensis 'Gracillimus'

Das ausdauernde sommergrüne Gras treibt schlanke grüne Blätter mit silbrigem Mittelstreifen, die dichte Büschel bilden. Im Spätsommer sprießen lockere Blütenrispen. Sehr dekorativ macht sich das Chinaschilf als Umrandung mittelgroßer Teiche.

H: 1,3 m, **B**: 60 cm
❋❋❋ ☼ ◐ ♆

Miscanthus sinensis 'Silberfeder'

Die Gräser der Gattung *Miscanthus* neigen nicht zum Wuchern und bilden eine attraktive Wahl für Teichränder und Sumpfgärten. Zu langen grünen Blättern mit silbernen Mittelstreifen bildet diese Sorte im Herbst duftige weiße Blütenrispen.

H: 2,5 m, **B**: 1,2 m
❋❋❋ ☼ ◐ ♆

Miscanthus sinensis 'Variegatus'

Aus kräftigen Stängeln treibt dieser *Miscanthus* breite, weiß gestreifte Blätter, die anmutig überhängen – ein schöner Kontrapunkt zu Gewächsen mit schlichtem Laub. Im Herbst beleben Rispen aus rahmweißen Blüten zusätzlich das Bild.

H: 1,5 m, **B**: 1 m
❋❋❋ ☼ ◐ ♆

Feuchtigkeitsliebende Pflanzen (Mi–Pr)

Miscanthus sinensis 'Zebrinus'
Dieser *Miscanthus* hat breiteres Laub als andere (im Lauf der Saison entwickeln sich auf den Blättern gelbe Querbänder) und er bildet dichte Büschel. Aus hohen Stängeln gehen im Herbst fedrige Blütenrispen hervor, die sich über den Winter halten.

H: 2 m, **B**: 1,1 m
❄❄❄ ☀ ☼ ♕

Onoclea sensibilis
Den lateinischen Namen erhielt der Perlfarn, weil die ledrigen mittelgrünen Wedel bereits beim ersten Frost einziehen. Es gibt auch eine attraktive Form, bei der das neue Laub bronzen gerandet ist. Vermehrung durch Teilung im zeitigen Frühjahr.

H: 60 cm, **B**: unbegrenzt
❄❄ ☼ ♕

Osmunda regalis
Am schönsten entwickelt sich der in Europa heimische, aber zunehmend seltene Königsfarn am Rand von Gewässern, wo er viel Feuchtigkeit und Platz zur Verfügung hat. Der faserige Wurzelstock ergibt ein einst sehr beliebtes Orchideensubstrat.

H: 1,5 m, **B**: 1,2 m
❄❄❄ ☀ ☼ ♕

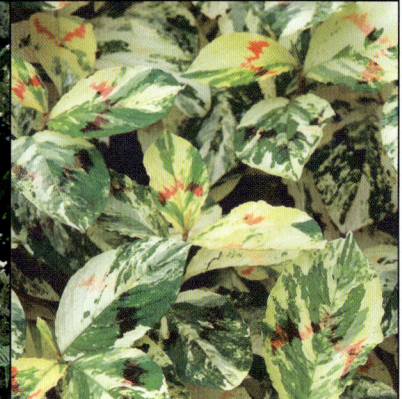

Persicaria 'James Compton'
Beim Austrieb im späten Frühjahr blutrot, präsentiert sich das Laub später olivgrün mit braunem Mittelfleck. Dieser Knöterich bildet eine gute Begleitpflanze für Farne. Zur Vermehrung nimmt man im Sommer Stecklinge.

H: 1,1 m **B**: 45 cm
❄❄ ☀ ☼

Persicaria polymorpha
Das imposante Gewächs ist neben einem Teich genauso gut aufgehoben wie, da nicht wuchernd, in einer Staudenrabatte. Große, lange, zugespitzte Blätter an kräftigen, hohlen Stängeln, duftiger Flor zwischen Sommermitte und Frühherbst.

H: 2,5 m, **B**: 1,2 m
❄❄ ☀ ☼

Persicaria virginiana 'Painter's Palette'
Ihre Blätter – klein und blassgelb mit grünen Sprenkeln und zentralem rotbraunem Mal – brachten dieser Sorte ihren Namen ein. Im Sommer eine farbenprächtige Bereicherung für den Garten.

H: 60 cm, **B**: 45 cm
❄❄ ☼

Petasites japonicus var. giganteus

Diese wuchernde Varietät der Japanischen Pestwurz eignet sich nur für sehr große Teiche. Grünliche Blüten an kahlen Stängeln im zeitigen Frühjahr, gefolgt von schirmartigen Blättern an kräftigen grauen Stielen. Zur Vermehrung im Frühjahr teilen.

H: 1,2 m, **B**: unbegrenzt
✻✻✻ ☼ ☼

Physostegia virginiana

Im Spätsommer schmückt sich die sommergrüne, ausbreitende Staude mit rosaroten bis purpurnen Blüten in aufrechten Ähren. Vermehrt wird die Gelenkblume durch Teilen im zeitigen Frühjahr. 'Vivid' fasziniert mit ihrer lebhaften Blütenfarbe.

H: 1,2 m, **B**: 60 cm
✻✻ ☼ ☼

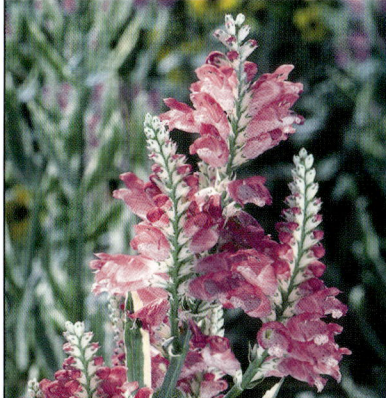

Podophyllum hexandrum

Bei Neuaustrieb im Spätfrühjahr erinnern die gelappten, gezähnten, braun gefleckten Blätter an zusammengefaltete Schirme. Vom Spätfrühjahr bis Sommer weiße Blüten, dann – daher der Name Himalaya-Maiapfel – tomatenähnliche Früchte.

H: 45 cm, **B**: 25 cm
✻✻ ☼

Primula alpicola

Die sommergrüne Mondschein-Primel trägt im Frühsommer hängende, duftende, glockenförmige gelbe Blüten mit fast weißer Mitte in lockeren Dolden. Vermehrt wird diese Sumpfprimel aus Samen oder durch Teilung nach der Blüte.

H: 45 cm, **B**: 15 cm
✻✻ ☼ ☼ ♈

Primula beesiana

Spektakulär die violett- bis magentaroten Blüten, die im Sommer aus den kräftigen, weißlich grünen Sprossen hervorgehen. Dazu trägt die Etagen-Primel, eine sommer- oder halb immergrüne Staude, mittelgrüne gezähnte Blätter mit roter Mittelrippe.

H: 60 cm, **B**: 30 cm
✻✻ ☼ ☼

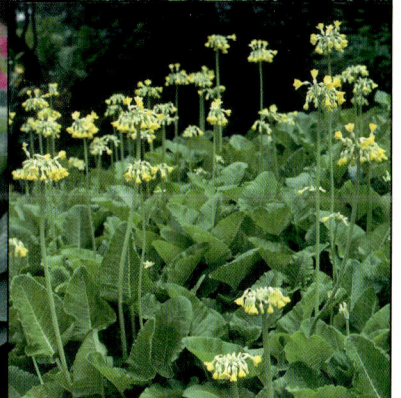

Primula florindae

Um die Sommermitte bildet die sommergrüne Tibet-Primel an robusten Stängeln Dolden aus duftenden, glockenförmigen gelben Blüten. Bei anderen Spielarten sind sie leuchtend scharlachrot, orange oder rötlich gelb.

H: 1 m, **B**: 60 cm
✻✻ ☼ ☼ ♈

Feuchtigkeitsliebende Pflanzen (Pr–Ro)

Primula 'Inverewe'
Diese halb immergrüne Etagen-Primel kann, da steril, nur durch Teilung (im Frühjahr) vermehrt werden. An hohen, kräftigen Stielen treibt sie leuchtend zinnoberrote Blüten in Wirteln. Die Blattrosetten bleiben den ganzen Winter über grün.

H: 1 m, **B**: 30 cm
❄❄ ☼ ☼ ♈ ♈

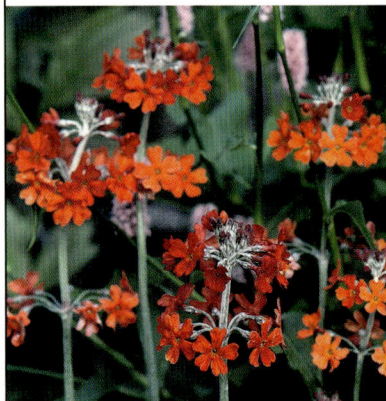

Primula japonica 'Miller's Crimson'
Die sommergrüne Japanische Etagen-Primel schmückt sich im späten Frühjahr bis Frühsommer mit Wirteln aus bräunlich karminroten Blüten. Kultur in nährstoffreicher Lehmerde, Vermehrung aus Samen (zu nur etwa einem Viertel sortenecht).

H: 60 cm, **B**: 25 cm
❄❄ ☼ ☼ ♈ ♈

Primula japonica 'Postford White'
Im Spätfrühjahr weiße Blüten mit rosa Auge – besonders effektvoll, wenn die sommergrüne Japanische Etagen-Primel eine ganze Kolonie bildet. Im Sommer reife Samen sammeln und im Frühjahr in Saatschalen säen (nur zu etwa 25 Prozent sortentreu).

H: 60 cm, **B**: 25 cm
❄❄ ☼ ☼ ♈ ♈

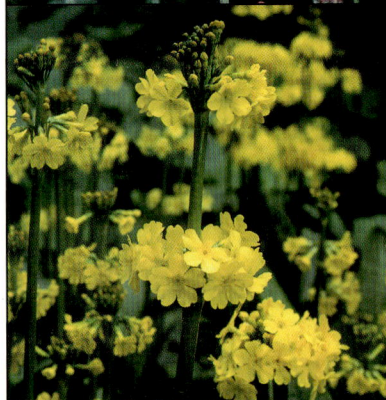

Primula prolifera
Immergrüne Etagen-Primel aus China, die im Frühsommer an kräftigen Stielen leuchtend gelbe Blüten in Wirteln hervorbringt. An feuchten Standorten bildet sie große Kolonien. Die Vermehrung erfolgt aus Samen oder durch Teilen nach der Blüte.

H: 1 m, **B**: 30 cm
❄❄ ☼ ☼ ♈ ♈

Primula pulverulenta
Ein weißer Überzug verleiht den Sprossen der Szetschuan-Primel ein silbriges Aussehen. Sattpurpurrote Blüten mit orangefarbenem Auge öffnen sich im späten Frühjahr. 'Bartley Pink', eine sterile Form, blüht in Muschelrosa.

H: 60 cm, **B**: 25 cm
❄❄ ☼ ☼ ♈ ♈

Primula rosea
Im zeitigen Frühjahr zeigen sich bei der im Himalaja heimischen Rosen-Primel über dem blassgrünen Laub rosarote Blüten. Zierliche Art, ideal für feuchte Plätze im Steingarten oder am Rand kleiner Wasseranlagen. Vermehrung durch Teilung.

H: 25 cm, **B**: 20 cm
❄❄ ☼ ☼ ♈ ♈

Primula secundiflora

Immer- oder halb immergrüne Art, die wie eine große, purpurrot blühende Schlüsselblume aussieht. An bemehlten Stielen sprießen im Frühsommer hängende Blüten in kleinen Dolden. Nach 2–3 Jahren Pflanzenbüschel nach der Blüte teilen.

H: 75 cm, **B**: 25 cm
❋❋ ☼ ☀

Primula sikkimensis

In Nepal, Sikkim und Westchina ist diese Primel heimisch, die im Spätfrühjahr und Frühsommer hoch über dem grünen Laub Dolden glockenförmiger gelber Blüten bildet. Sie duften lieblich, halten aber nicht sehr lang. Trotzdem eine lohnende Art.

H: 60 cm, **B**: 30 cm
❋❋ ☼ ☀ ♈

Rheum 'Ace of Hearts'

Für Stellen, an denen imposantes Laub gewünscht ist, etwa als Kontrast zu kleineren Farnen, ist dieser Zierrhabarber ideal. Die herzförmigen Blätter sitzen an dicken, dunkelpurpurnen Stielen. Diese Farbe wiederholt sich in den dicken Blattadern.

H: 1,2 m, **B**: 90 cm
❋❋ ☼ ☀

Rheum palmatum

Ebenfalls nicht essbar ist der Handlappige Rhabarber. Die bis zu 1 m breiten Blätter sind beim Austrieb im Frühjahr dunkelpurpurn bis bronzebraun, später dann grün. Weißliche Blüten sprießen an hohen Stielen. Vermehrung aus Samen im Frühjahr.

H: 1,2 m, **B**: 2,5 m
❋❋ ☼ ☀

Rheum palmatum 'Atropurpureum'

Das zunächst bronzefarbene Laub behält, während es sich allmählich grün verfärbt, unterseits eine rote Tönung. Im Frühsommer erscheinen leuchtend magentarote Blüten. Zur Vermehrung im Frühjahr teilen.

H: 1,2 m, **B**: 2,5 m
❋❋ ☼ ☀ ♈

Rodgersia pinnata

Die dekorative, in China heimische Schaublatt-Art bildet große, gekräuselte, paarweise angeordnete grüne Blätter und im Frühsommer hohe weiße oder rosig überlaufene Blütenstände, die an Astilben erinnern. Kultur in guter Lehmerde.

H: 1 m, **B**: 1,2 m
❋❋❋ ☼ ☀

Feuchtigkeitsliebende Pflanzen (Ro–Tr)

Rodgersia podophylla

Kurios bei diesem Schaublatt: Die Blätter sprießen nur an der Spitze der Triebe – fast meint man, große Füße zu sehen. Beim Austrieb im Spätfrühjahr zeigt das Laub ein tiefes, glänzendes Bronzebraun. Rahmweiße Blütenrispen im Frühsommer.

H: 1 m, **B**: 1,2 m
❀❀❀ ☼ ◑ ♈

Rodgersia 'Parasol'

Bei diesem kürzlich eingeführten Schaublatt ähneln die Blätter denen von *R. podophylla*. Allerdings sind sie grüner und schmaler und bilden eine Art Schirmdach. Der Flor ist grünlich weiß. Nützliche Hintergrundpflanze für feuchte Standorte.

H: 1,2 m, **B**: 1,5 m
❀❀❀ ☼ ◑

Rodgersia podophylla 'Rotlaub'

Diese Sorte ist kleiner als die Stammart. Ihr Laub ist ähnlich geformt, zeigt aber beim Austrieb im Frühjahr ein tiefes Rot, das sich einige Zeit hält. Damit bildet die Pflanze eine exzellente Ergänzung zu anderen Formen. Vermehrung durch Teilen im Frühjahr.

H: 75 cm, **B**: 1,2 m
❀❀❀ ☼ ◑

Rodgersia sambucifolia

Die in Horsten wachsende Art ähnelt *R. pinnata* (*siehe Seite 151*), wird aber deutlich größer. Ihr Laub sieht aus wie Kastanienblätter im Großformat. Imposant vor allem im Frühsommer, wenn hoch über dem Laub die cremeweißen Blütenripsen prangen.

H: 1,2 m, **B**: 2 m
❀❀❀ ☼ ◑

Salvia uliginosa

Blüten in klarem Himmelblau zieren diese in sumpfigem Grund gedeihende, in Horsten wachsende Salbei-Art zwischen Spätsommer und Herbst. Dazu trägt sie an hohen Stängeln brennnesselartige Blätter. Die Wurzeln benötigen über Winter Schutz.

H: 2 m, **B**: unbegrenzt
❀ ☼ ♈

Sanguisorba canadensis

Auf Feuchtwiesen und Sumpfgelände im Osten Nordamerikas ist dieser Wiesenknopf zu Hause. Üppiges Laub an kräftigen, verzweigten Stielen. Im Frühherbst, wenn ringsum schon vieles welkt, weiße Blüten in flaschenbürstenartigen Ähren.

H: 1,5 m, **B**: 60 cm
❀❀ ☼

Selinum wallichianum

E. A. Bowles beschrieb diese Silge, die an Kerbel erinnert, als schönste unter allen Pflanzen mit farnartigem Laub. Von Hochsommer bis Frühherbst große, flache Dolden aus weißen Blüten mit schwarzen Staubbeuteln. Kultur in guter Lehmerde.

H: 1,2 m, **B**: 75 cm
❅❅ ☼

Senecio smithii

In Horsten wachsende sommergrüne Staude mit langen graugrünen Blättern, überragt von Büscheln aus margeritenartigen weißen Blüten mit gelbem Auge. Vermehrung am besten durch Teilung im Frühjahr. Kultur in nährstoffreichem, feuchtem Boden.

H: 1,2 m, **B**: 75 cm
❅❅ ☼ ☼

Trollius chinensis

Die Chinesische Trollblume trägt im Hochsommer orangegelbe Blüten, deren aus den Kronblättern gebildete Schalen mit zahlreichen Staubgefäßen gefüllt sind. Die Blüten entfalten sich an hohen Stängeln und scheinen im Abendlicht zu glühen.

H: 1 m, **B**: 45 cm
❅❅❅ ☼ ☼

Trollius x cultorum 'Alabaster'

Sehr auffallend ist das zarte Elfenbeingelb der Blüten dieser Trollblumen-Sorte. Sie eignet sich gut für kleinere Teiche und Sumpfgärten. Ebenso eine exzellente Begleitpflanze für Primula prolifera (siehe Seite 150) sowie einige Iris und Farne.

H: 45 cm, **B**: 25 cm
❅❅ ☼ ☼

Trollius x cultorum 'Orange Princess'

Form und Farbe der Blüten verrät die Verwandtschaft mit T. chinensis. Die goldorangefarbenen Blüten öffnen sich im Frühjahr hoch über dem grundständigen Laub.

H: 1 m, **B**: 45 cm
❅❅❅ ☼ ☼

Trollius europaeus

Die horstbildende Europäische Trollblume bevölkert unsere Gärten seit 1581. Im Spätfrühling bildet sie kugelige Blüten in hellem Gelb. Sie braucht einen stets feuchten Boden und wird durch Teilung im Herbst oder zeitigen Frühjahr vermehrt.

H: 60 cm **B**: 30 cm
❅❅❅ ☼ ☼

Nützliche Adressen

Gesellschaft der Wassergarten-Freunde
www.wassergarten.de

Kontaktadressen der Regionalgruppen

Rhein- Neckar:
Theo Germann
Am Rübsamenwühl 22
67346 Speyer
Tel.: 062 32/63 040
Fax: 0 62 32/63 041
E-Mail:
gaertnerei-germann@t-online.de

Regionalgruppe Ost:
Andreas Hamm
Obergangstraße
07552 Gera-Langenberg
Tel.+ Fax: 03 65/42 02 001

Regionalgruppe Frankenland-Nürnberg
Andreas Schwimmer
Herbststr. 6,
90522 Oberasbach-Unterasbach,
bei Nürnberg
Tel. 0911/69 68 51

Regionalgruppe Kassel
Herbert Bollerhey
Rollbarg
25482 Appen- Etz
Tel.: 0 56 07/77 78
Fax: 0 56 07/88 87

Norddeutschland:
Hans-Joachim Wachter
Rollbarg
25482 Appen-Etz
Tel.: 0 41 01/62 511
Fax: 0 41 01/61 026

Nordrhein- Westfalen:
Erich Maier
Hansell 155
48341 Altenberge
Tel.: 0 25 05/15 33
Fax: 0 25 05/39 67
erich.maier@t-online.de

Österreich:
Angelika Kern
Einödhofweg 20
8042 Graz
Tel. 00 43-316/46 16 51
Fax 00 43-316/46 16 51 4
biotop-kern@netway.at

Österreich:
Gerhard Kuttner
Birnhoffeld 8
6382 Kirchdorf
Tel.+ FAX: 0043-53 52/647 34

Schweiz:
Emil Kühne
Mühlenstr. 54
9030 Abtwil
Tel.: 0041-71/31 19 04
Fax: 0041-71/31 24 30

Wasser- und Sumpfpflanzen, Teichbedarf

Der Wassergarten
Inhaber Heinrich Gerwing
Dorfstraße 62
26845 Nortmoor (Leer)
Telefon (0 49 50) 18 67
Telefax (0 49 50) 3 98
E-Mail info@der-wassergarten.de
www.der-wassergarten.de

Seeburger Wassergarten
Inhaber: Martina Müller
Dorfstr. 20a
14476 Seeburg
Telefon/Fax: 033 201/21 00 6
E-Mail: Info@Seeburger-Wasser-garten.de
www.seeburger-wassergarten.de

Seerosen-Farm
Erhard Oldehoff
Sieglmühle 2 94051 Hauzenberg
seerosenfarm@t-online.de
Tel:0 85 86/16 93 Fax:0 85 86/91 53
www.seerosen.de

Nymphaion.de
Werner Wallner
Matthias-Wahl-Strasse 22
86343 Königsbrunn
Telefon: 0 82 31/91 98 72
Telefax: 0 82 31/91 98 73
kontakt@nymphaion.de
www.nymphaion.de

Stauden Junge
Sortiment BlütenBlatt
Matthias Großmann
Seeangerweg 1
31787 Hameln
Tel: 0 51 51/34 70
Fax: 0 51 51/92 43 45
Email: info @ bluetenblatt.de
www.stauden-junge.de

Gärtner Pötschke GmbH
Beuthener Straße 4
41564 Kaarst
via dtms
12 ct/pro Minute
Telefon: 0 18 05/861 100
Telefax: 0 18 05/861 300
Website: www.gaertner-poetschke.de
Email: info@poetschke.com

Blattgrün
Hosta Versandgärtnerei
Gaby Braun-Nauerz
Büro:
Willstätterstr. 1
38116 Braunschweig
Tel. 0531/512529
Fax 0531/515364
info@blattgruen.com
www.blattgruen.de
Gärtnerei:
38176 Wendeburg
(OT Wendezelle)
Am Bülten 7

Teichpumpen, -filter, -folien,
Gestaltungselemente

Stadler Garten-Design
Püntstrasse 11
8173 Riedt bei Neerach
Telefon: 043/4330011
Telefax: 043/4330311 (NEU!)
info@garten-design.ch
www.garten-design.ch

Terra Aqua Teichbau
Inh. Thilo Rotzoll
Falkenhagener Str.16
15306 Lietzen
Telefon/Fax: 033470/3605
Funk: 0172/6410074
www.terra.aqua-teichbau

Fa. Pfalz-Koi
Ingo Hack
Am Weinhübel 2
67483 Kleinfischlingen
Tel: 06347/607747
Fax: 06347/607789
www.pfalz-koi.de
E-Mail: info@pfalz-koi.de

Teichfolien
Czebra Versand GmbH
Nachtigallenweg 9
67742 Lauterecken
Tel. 06382/994336
Fax: 06382/4030260
www.meinschoenerteich.de

Teichpumpen, Springbrunnen-
pumpe, Teichpumpe, Springbrun-
nenpumpen, Wasserpumpen
Technikhandel Ebert
Angerstrasse 32
08304 Schönheide
Tel:0049/37755/2154
Fax:0049/37755/55360
http://www.technik-handel.com

meinteich.de
Inh. Kerstin Hartje
Moorstr. 23
27299 Langwedel
Tel.: 04232/944776
Fax.: 04232/944775
info@meinteich.de

Solar Radzuweit
Versandhandel für Solartechnik
Schützenstraße 16
12526 Berlin
Tel.: 030/670685 12
Fax.: 030/670685 11
E-Mail: solrad1@t-online.de
www.solarhandel.com

Register

Register

Bildnachweis

(Schlüssel: o=oben; u=unten; m=Mitte; l=links; r=rechts)

2–3: DK Images: Steve Wooster/RHS Chelsea Flower Show 2001. **6–7**: DK Images: Steve Wooster/RHS Chelsea Flower Show 2001/Norwood Hall, The Artist's Garden. **8**: Harpur Garden Library: Marcus Harpur: Design: Dr. Mary Giblin, Essex (o). Andrew Lawson: Designer: Anthony Noel (u). **9**: The Garden Collection: Liz Eddison (u). John Glover: Ladywood, Hampshire (o). **10**: The Garden Collection: Liz Eddison/Tatton Park Flower Show 2002/Designer: Andrew Walker. **11**: Marianne Majerus Photography: RHS Rosemoor (o), S & O Mathews Photography: The Lawrences' Garden, Hunterville, NZ (m), Leigh Clapp: (u). **12**: DK Images: Sarah Cuttle/RHS Chelsea Flower Show 2005/4Head Garden/Designer: Marney Hall (or), Mark Winwood/Hampton Court Flower Show 2005/Designer: Susan Slater (ur). **14**: Marianne Majerus Photography: Designer: Pat Wallace (o), Designer: Ann Frith (u). **15**: Marianne Majerus Photography: Designer: George Carter (o), The Garden Collection: Jonathan Buckley/Designer: Helen Yemm (u). **16**: Derek St Romaine/ RHS Chelsea Flower Show 2000/Designer: Lindsay Knight (o), The Garden Collection: Liz Eddison/Hampton Court Flower Show 2005/Designer: Daryl Gannon (u). **17**: The Garden Collection: Liz Eddison/Whichford Pottery (l); Liz Eddison/Hampton Court Flower Show 2002/Designer Maureen Busby (r). **18**: Andrew Lawson: (o, m, u). **19**: The Garden Collection: Jonathan Buckley/Designer: Helen Yemm. **20**: The Garden Collection: Derek Harris. **21**:

Leigh Clapp: St Michael's House (o). Andrew Lawson: (u). **22**: The Garden Collection: Liz Eddison/Hampton Court Flower Show 2001/Designer: Cherry Burton (o). **23**: Leigh Clapp: Green Lane Farm. **24**: Andrew Lawson. **25**: The Garden Collection: Jonathan Buckley/Designer: Mark Brown (o); Jonathan Buckley (u). **26**: Marianne Majerus Photography: Designer: Kathleen Beddington (o). **27**: The Garden Collection: Liz Eddison (ol), Andrew Lawson: (r); Waterperry Gardens, Oxon (ul). **30**: John Glover: Ladywood, Hants (o). **32**: Derek St Romaine: Mr. & Mrs. Bates, Surrey (o). Nicola Stocken Tomkins: Berrylands Road, Surrey (u). **33**: Marianne Majerus Photography: Designer: Julie Toll (o), Leigh Clapp: (u). **34**: Leigh Clapp: Copse Lodge (l). Nicola Stocken Tomkins: Longer End Cottage, Normandy, Surrey (m), Nicola Browne: Designer: Jinny Blom (r). **35**: Leigh Clapp: Merriments Nursery (l). Andrew Lawson: RHS Chelsea Flower Show 1999/Selsdon & District Horticultural Society (m). Nicola Stocken Tomkins: Hampton Court Flower Show 2004/Designer: S Eberle (r). **37**: Marianne Majerus Photography: Manor Farm, Keisby, Lincs. (ur). **42**: crocus.co.uk (ul). 46: Andrew Lawson. **50**: Forest Garden (ur). **71**: DK Images: Mark Winwood/Capel Manor College/Designer: Irma Ansell: The Mediterranean Garden. **72–3**: Thompson & Morgan. **75**: DK Images: Mark Winwood/Capel Manor College/Designer: Elizabeth Ramsden: find title. **77**: DK Images: Mark Winwood/Hampton Court Flower Show 2005/Designer: Susan Slater: 'Pushing the Edge of the Square'. **78**: Marianne Majerus Photography: Designers: Nori and Sandra Pope,

Hadspen (ul). **79**: Marianne Majerus Photography: Designers: Nori and Sandra Pope, Hadspen. **81**: DK Images: Mark Winwood/Hampton Court Flower Show 2005: Designed by Guildford College: 'Journey of the Senses'. **83**: DK Images: Mark Winwood/Capel Manor College/Designer: Sascha Dutton-Forshaw: 'Victorian Front Garden'. **84–85**: DK Images: Mark Winwood/Capel Manor College: Designer: Irman Ansell: The Mediterranean Garden. **87**: Modeste Herwig. **88**: Leigh Clapp: Designers: Acres Wild (ul). **89**: Leigh Clapp: Designers: Acres Wild. **90**: S & O Mathews Photography: RHS Rosemoor (ul, ur). **91**: S & O Mathews Photography: RHS Rosemoor. **99**: John Glover. **118**: Holt Studios International: Michael Mayer/FLPA (ul). **119**: RHS, Tim Sandall (um), Holt Studios International: Nigel Cattlin/FLPA (cr). **124**: crocus.co.uk (ul), **125**: crocus.co.uk (um). **127**: crocus.co.uk (um). **133**: crocus.co.uk (or). **136**: Garden World Images: (ul). **148**: Garden World Images: (ul, ur)

Alle anderen Bilder © Dorling Kindersley
Weitere Informationen unter: www.dkimages.com

Dorling Kindersley dankt ebenfalls:

Lektoratsassistenz: Helen Ridge, Fiona Wild, Mandy Lebentz

Designassistenz: Elly King, Murdo Culver

Gardening Which? (www.which.co.uk) und Capel Manor College (www.capel.ac.uk) für die Möglichkeit zu Außenaufnahmen.